<u>JESUS…THE MESSIAH</u>

Mental Evidence and From the Quran on the Death of Jesus the Messiah, Peace be upon him

<u>Like other prophets..and The Promised Messiah must be from the Islamic Nation</u>

<u>Part (1)</u>

<u>المسيـــــــح</u>

<u>الادلةُ ا عقلية ومن القرآن على وفاة المسيح عيسى عليه السلام..</u>

كغيره من النبيينَ والأنبيا. .. وأنّ المسيح الموعود لابد ن يكون من الامة الاسلامية

الجزء الأول

2022/2023

مُقَـــدمة

إنحَرفَ مؤخراً شبابٌ من عُلماءِ المُسلمين والمُفكريز – كغيرهم من غَيرِ المُسلـــمين – عن الملّةِ والحَدَوا عندما لم يَجدوا ما يَروي ظمأً عُقُولهم العطَ شىٰ منْ تلكَ التفسيرات الحَرفيّة، ما أنزَلَ اللّهُ بها من سُلطان لكلمات الكُتُب المُقدَّسةِ ٍ لآياتِ القرآن . وإعتبروهُ ضَرباً من الأساطير وقَصصًا من ماضٍ ســـحيق لا تؤخذُ منهُ العبَرُ بما قد فات وتجاهلوا أنَّهُ نبوءاتٌ لما هو آت، و رأوا أنَّ ما بين دفَّتيه طقوســـاً وترانيم لا تَخرُجُ عن إطارِ الدَّيرِ و الدين، غَيرَ أنّهُ ما أُنْزِلَ إلّا لِ عمالِ العقل ومُخاطبَةِ الروح.

وقد دَسوا أنَّ الكتُّبَ المَجيد هو آخرُ كتُبِ التَّنزيل وفيه مقاليدُ الدُّنيا والدِّين.. وجاءَ ببلاغةٍ مُتْقنَةٍ بين مُحكمٍ ومُتَشابهٍ علىٰ فطاحلِ الشَّعرِ والأدب، فعجزوا عن الإتيانِ بمِثْلِ فصَاحَته و بَيانه.

فكان َ أخذُ المَ شايخِ بالحَرفيّة في ال شَّرحِ والتَّبيين دون الإ ستناد إلىٰ المُحكَمِ عند التَّأويل؛ سبباً في التَّ شَدُّد و سُوءِ الفَهْمِ والإنخراطِ في الوهْم؛ وفَ صل الحياة الدينية عن العلمية والسُّـــقُوطِ في الخُرافات والبدَعيّة، وإتّذذوا للقَيومِ شُركَاءَ في الإماتَة وفي الإحيَ ـاء, واللهُ جعلَ لكُلِّ داءٍ دواء و أنزلَ القرآنُ فيه هدايةٌ للعامّة ونورٌ و شفاء ، لِيَ شفي غَليل الباحثين والعُلماء، فالقرآنُ والعلمُ كالقُطبين يسيران في خطَّين مُتلازمَين غير مُنفصلين ولا مُتناقضين..

ومن هذا الـ سِّياق، أردتُ في هذا الجزء الـ صَّغير دون َ تَطويلٍ أو تَقْ صير تَصحيح أحد المفاهيم المغلوطة عند كثير من المُفسرين المُصرين علىٰ خلط الخُرافة بالدِّين مُتأثِّرين بأزمانٍ غابرةٍ كانت تتعدَّدُ يها الآ هة ، كحياةِ عيسىٰ

بجسَـــدِه في السَّـــمَاء بجِوارِ رَبِّ الأكوانِ الذي لا يُحيطُهُ مكَانٌ ولا زمَانٌ مُتَشبِّهِين بِشيوخِ المُتَنَصِّرِين، فإنْخرَطوا في الشِّركِ والتَّأْلِيه، إلّا أنَّ عِيـسى المَسِيحَ قد مات كغَيرِه مِنَ البَشرِ والأنبياء وهو مِنَ القرآنِ الذي اُنْزِلَ ـلى العقل؛ ليُخاطبَ العُقَلاء، مُسترشداً بمُقْتَبسَاتٍ مِنَ العلماء.

واللّهُ هوَ المنّانُ وهوَ صاحبُ ا فَضْلِ والعِرفَان، ربَّنَا صَلِّ وسَلِّم علىٰ محمدٍ نَبِينَا المُصطَفىٰ العَدنان سيِّدِ الخَلقِ مِنَ الإنسِ والجآن.

طارق محمد عزب

Tariq Azab

البلاغـةُ في القُرآن

The Science of Rhetoric in the Holy Quran

إنّ القرآن الكريم يحتلُّ قمةَ البلاغةِ العربيةِ فقد جاءَ بلِ سانٍ عربيٍ مُبين، لا يأتيه الباطلُ من بينِ يَديهِ ولا مِن خلفِ . The Quran is the Summit of (Arabic Rhetoric)

– (نَزَلَ بِهِ لروحُ الأمينُ على قلبِك لِتَكُونَ من المُذْرِرِينَ بِ سـانٍ عربيٍ مُبينٍ) الشعراء94 – 96 .

(The Spirit, faithful to the trust, has descended with it, On thy heart, that thou mayest be a Warner, In plain and clear Arabic tongue)
AL-SHU'ARA194-196

– (لا يَأْتِيهِ الْبَاطِلُ مِن بينِ يَدَيْهِ ولَا مِنْ خَلْفِهِ ۖ تَنزِيلٌ ـنْ حكِيمٍ حمِيد) فصلت3ا .

(Falsehood cannot approach it either from before it nor from behind it. It is a revelation from the Wise, the Praiseworthy.) FUSSILAT 43

وقد وضعَ اللهُ تعالى كُلَّ كلمةٍ في كُلِّ آيةٍ في مكانِها بِقصدٍ وبِغَرضٍ وبِحكمةٍ في موضعها بِلا إفراطٍ أو تفريط.

(الر ۚ كِتَابٌ أُحْكِمَتْ آيَاتُهُ ثُمَّ فُصِّلَتْ من لّدُنْ حكِيمٍ خبِير) هوـ ( ).

(Alif Lam Ra. This is a Book, whose verses have been made firm and free from imperfection and then they

7

have been expounded in detail. It is from One Wise, and All-Aware.) HUD 1

– كما أنّ الله صاغَ من الآياتِ نوعين من الآياتِ :

فهُناكَ الآياتُ المُحكَمة Sound; firm; free of defect verse الواضِحة القاطعةُ لا لبْسَ فيها وعلىٰ ضوئها وعِيارِها وبتوافقٍ تُفسَّر وتُشْرَحُ الآيات الغيرُ مُحكمةٍ، وهُناك الآياتُ المُتشابهات Susceptible of different meaning ذاتُ طابعٍ رمزي ومَجازي والتي تَستَقبِلُها العُأولُ بدَرجاتٍ مُتفاوتةٍ حسبَ الثَقافاتِ والخلفياتِ وتأوَلُ علىٰ ضوءِ المُحكَم من الآياتِ، حيثُ ذُكرت كلمةُ (تأويل) ٧١ مرةً، منها في سورةِ يوسفَ وحده ٨ مرات.

(هُوَ الَّذي أنزَلَ عَلَيْكَ الْكِتَابَ مِذهُ آيَاتٌ مُحْكَمَاتٌ هُنَّ أُمُّ الْكِتَابِ وأُخَرُ مُتَشَابِهَاتٌ ۚ فَأَمَّا الَّذِنَ في قُلُوبِهِمْ زيْغٌ فيَتَّبِعُونَ مَا تَ شَابَهَ مِنْهُ ابْتِغَاءَ الْفِتْنَة وَابْتِغَاءَ تَأْويلِه ۗ ومَا يَعْلَمُ تَأْويلَهُ إِلَّا اللَّهُ ۗ وَالرَّاسِـخُونَ ي الْعِلْمِ يَقُولُونَ آمَنَّا بِهِ كُلٌّ مِّنْ عِندِ رَبِّنَا ۗ ومَا يَذَّكَّرُ إِلَّا أُولُو الْأَلْبَابِ) آل عمران8

(He it is Who has sent down to thee the Book; in it there are verses that are firm and decisive in meaning –they are the basis of the Book--and there are others that are susceptible of different interpretations. But those in whose hearts is perversity pursue such thereof as are susceptible of different interpretations, seeking to cause discord and seeking wrong interpretation of it. And none knows its right interpretation except Allah and those who are firmly grounded in knowledge; they say, "We believe in it; the

whole is from our Lord." --And none take heed except those gifted with under-standing--) AL IMRAN 8

Parts are Similar to .. والقرآنُ أيضاً مُتَشابهٌ (يُشبهُ بعضُه بعضَ
ach other) في المعنى فلا يوجدُ فيه تَناقضٌ او عدمُ إتسـاقٍ، فآياتُهُ
المُختلفةُ تَدعَمُ بعضَها الآخرَ.

(اللهُ نزلَ أحسنَ الحديثِ كتاباً مُتشابهاً مَثاني تقشعِرُّ منهُ جلودُ الذينَ يخشونَ
ربَّهم ثمَّ تَلينُ جلودُهم وقُلوبوهُم إلى ذِكرِ اللهِ ذلكَ هُدَى اللهِ يَهدي بِهِ مَن
يَشاءُ ومَن يُضللِ اللهُ فمَا لهُ مِن هادٍ)الزمر ٢٤

(Allah has sent down the best Discourse—a Book, whose verses are mutually supporting and repeated in diverse forms. The skins of those, who fear their Lord, do creep at its recital, then their skins and their hearts soften to the remembrance of Allah Such is the guidance of Allah; He guides therewith whom whom He pleases. And he whom Allah adjudges astray—he shall have no guide .) AL-ZUMAR 24

(The Verses move .. حيثُ أنّ كلَّ القرآن هو مُتَشابهٌ، و تتناغمُ الآياتُ
n Harmony لتُعطي معانيَ..

أولاً / رغم قدرةِ اللهِ علىٰ كل شيءٍ، إلا أنّه حقٌّ علىٰ نفسِه أنَّهُ لا يَخرقُ سُنَنَهُ الكونيةَ.

The word of Allah in Quran does not contradict his Sunnah "Cosmic nature"

فَسُــــنَّتَهُ تَعَالىٰ لا تُخالِفُ كَلامَهُ ولكن قد يُخْطِئُ الناسُ في فَهمِ كَلاهِهِ كما يُخطِئُون في فَهمِ سُنَّتِ .. وأنّ كلَّ الظواهرِ الخارقةِ للطبيعةِ هي تُفَسَّرُو تُكْتَشَفُ علميّ – بالغا – عبر الأيام الوجه الآخر والمسار الموازي للأديان الربانيةِ , هذه الظواهر تكون تحت سُننِ اللهِ بقدرٍ.. وكلامُ اللهِ في لقرآنُ لا يُخَالفُ سننَه.

– (إِنَّا كُلَّ شَيءٍ خَلَقْنَاهُ بِقَدَرٍ) الق ر (0 نٰ)..

(Verily, We have created everything in due measure) AL-QAMAR 50

By science everything is وأنّ اللهَ جعلَ لكل شيٍ سبباً بالعلمِ
(estimated)..

(إِنَّا مَكَّنَّا لَهُ فِي الأَرْضِ وَآتَيْنَاهُ مِن كُلِّ شَيْءٍ سَبَبًا) 85 لكهف..

(We established him in the earth and gave him the means to achieve everything) AL-KAHF 85

– وأنّ كلّ شيءٍ مُقَدَّرٌ بعلمٍ من اللهِ (بمــا فــي ذلــك الظـواهر الكـونيـة التي إكتشفها العلماءُ، والتي لم يكتشفوها بعد .

– (.. ولايَحيقُ المَكْرُ السيءُ إلّا بأهلِه فهلْ ينظُــرون إلّــا سُـنّةَ الاولّــينَ فلنْ تجِدَ لِسُنَّةِ اللّهِ تبديلاً ولنْ تَجِدَ لِسُنَّةِ اللهِ تحويلاً) فاطر 4.

10

(...But the evil schemes encompass none but the authors thereof. Do they, then, look for anything other than Allah's way of dealing with the people of old? But thou wilt never find any change in the way of Allah; nor wilt thou ever find any alteration in the way of Allah.) FATIR 44

‑ (سُنَّةَ اللَّهِ فِي الَّذِينَ خَلَوْا مِن قَبْلُ ۖ وَلَن تَجِدَ لِسُنَّةِ اللَّهِ تَبْدِيلاً)

3. الأحزاب .

(Such has been the way of Allah with those who passed away before, and never thou wilt find a change in the way of Allah.) AL-AHZAB 63

‑ (سُنَّةَ اللهِ الَّتِي قَدْ خَلَتْ مِنْ قَبْلُ وَلَنْ تَجِدَ سُنَّةَ اللهِ بَدِيلاً) الفتح4 .

(Such as ever been the law of Allah; and thou shalt not find any change in the law of Allah.) AL-FATH 24

ثانياً / كُلُّ الأحياءِ فانونَ بما فيهِم البشر والأنبياء دونَ إستثناءٍ:

All the living will perish, even the prophets, with no exception

ومن سُـــنَنِ اللهِ التي لن تتبدّل ولنْ تتغيّرَ هو فناءُ الأحياء قاطبةً (الموتُ الفيزيقي العنصري الجسدي) بما فيهم البشر بإختلاف صلاحِهم وقُربِهم إلى الله ‑ بما فيهم سيد البشر (في عَقيدةِ المسلميز) محمد صل الله عليه وسلم .

قانونُ اللهِ (سُنّةٍ،) أنَّ البِ شرَ حيانَ م وممَ هم في الأرض، والذي يموتَ لا يعودُ:

- (قالَ فيها تَحيَوْنَ وفيها تَمَ تون ومِنها تُخرجونَ) الأعراف 6′ ... (فيها) تفيدُ الحصرَ.

(He said, 'Therein shall you live and therein shall you die and therefrom shall you be brought forth'.)AL-ARAF26

والقانون العام يـ شملُ جميعُ بني آدم فكيفَ خرجَ عِيِ سىٰ عليهِ الـ سلام ورفع حياً الى السماءِ مذ ٠٠٠′ عام حتىٰ الآن؟

- .. ولكُم في الأرضِ مُستَـرٌ ومتاعٌ إلىٰ حينٍ) البقرة37

(..and for you there is an abode in the earth and a provision for a time.)AL-BAQARAH 37

- (كُلُّ نَفْسٍ ذَائِقَةُ الموتِ ثم إلينا تُرجَعُونَ) العنكبوت 8ة .

(Every soul shall taste of death; then to Us shall you all be brought back.)
AL-ANKABUT 58

- (كُلُّ مِنْ عليها فانٍ) الرحمن7! .

(All that on earth will pass away;) AL-RAHMAN 27

- (إنّكَ مَيِّتٌ وإنّهُم ميتُونَ) الزمر1! .

(Surely, thou wilt die, and surely they, too, will die.)AL-ZUMAR31

- (ألمْ نجعَلِ الأرضَ ▯ كِ ﺎتاً أحياءً وأمواتاً) المرسلات6 -7! .

(Have we not made the earth so as to hold, The living and the dead?)

ثالثاً / منْ ماتَ لا يَرجِعُ قبلَ البعثِ دونَ إستثناءٍ لأَحَدٍ من العالَمينَ

(وسيتم الكشف عن ذلك في الجزء الثاني)

Who dies does not return before the day of
Resurrection

– (وحرامٌ علىٰ قريةٍ أهلْكنَاها نَّهُم لا يَرجِعُونَ) الأنبياء96 .

(And it is an inviolable law for a township which We
have destroyed that they shall not return.)AL-ANBIYA
96

– (لا يمسّهُم فيها نَصَبٌ وما هم مِنها بِمُخْرَجِينَ) الحِجر49 .

(Fatigue shall not touch them there, nor shall they ever
be ejected therefrom.)
AL-HIJR 49

– (لا يَذُوقونَ فيها المَوتَ إ ا المَوتَةَ الأولىٰ) الدخان57 .

(They will not taste death therein, save the first death;
and God will save them from the punishment of the
blazing Fire,)AL-DUKHAN 57

– (كيفَ تَكْفُرُونَ بِاللهِ وكُنتُم أمواتاً فأحياكُم ثُمَّ يُمِيتُكُم ثُمَّ يُحيِيكُم ٰم إليهِ تُرجَعُونَ) البقرة9ز .

(How can you disbelieve in Allah? You were without life
and he gave you life, and then will He cause you to die,
then restore you to life, and then to Him shall you be
made to return.)AL-BAQARAH 29

- (كُلُّ نَفْسٍ ذَائِقَةُ الموتِ ثُمَّ إلينا تُرجعُونَ) العنكبوتُ ٥٧ .

(Every soul shall taste of death; then to Us shall you all be brought back.)
AL-ANKABUT 57

- (اللهُ الذي خَلَقَكم ثُمَّ رزقَكم ثُمَّ يُميتُكم ثُمَّ يُحييكُمْ...) الروم١ .

(It is Allah Who has created you, and then He has provided for you; then He will cause you to die, and then He will bring you to life..)AL-RUM41

- (أَلَمْ يَرَوْا كَمْ أهلكْنا قبلهُم مِنَ القُرونِ أهُم إليِ م لا يَرجعُونَ س2د .

(Do they not see how many generations We have destroyed before them, and that they never come back to them?)
YASIN 32

- (قالوا ربَّناۤ أَمَتَّنا اثنتينِ وأحيَتَنا اثنتينِ فاعتَرَفْنا بِذنُوبِنا ف ل لى خُرُوجٍ

مِن سَبيلٍ) غافر2 .

(They will say, 'Our Lord, Thou hast caused us to die twice, and Thou hast given us life twice and now we confess our sins. Is, then, there a way out?)
GAFIR/AL-MUMIN 12

- (حتَّىٰ إذا جاءَ أحَدَهُم الموتُ قال رَبِّ ارجعُونِ لعلّىٰ أعملُ صٰلحاً

فيما تَرَكتُ كلّاۤ إنَّها كَلمةٌ هو قائِلُها ومِنْ ورائِهم بَرزَخٌ إلىٰ وم يُبعثُونَ)

المؤمنون00 -01 .

(Until, when death comes to one of them, he says entreating repeatedly, 'My Lord, send me back, That I may do righteous deeds in the life that I have left behind' That cannot be! It is only a word that he utters. And behind

them is a barrier until the day when they shall be raised again.) AL- MUMINUN100-101.

‑ (مِنها خَلَقْناكُم وفيها نُعيدُكُم ومِنها نُخرِجُكُم تارةً أُخرىٰ) طه٥٦ .

(From this earth have We created you, and into it shall We cause you to return, and from it shall We bring you forth a second time.) TAHA56

رابعاً / مفهوم المُعجِزةِ في القرآن :

The Meaning of "MOJEZA" in the Quran

‑ لم تأتِ كَلِمةُ (مُعجزة/Miracle) في القرآن فهي ليستْ لفظاً قرآنياً، وفي المُقابِل، جاءت كلمةُ (آية Sign) في أكثرَ من ٥ موضعاً، أي علامة ‑ بُرهان ‑ دليل علىٰ صدقِ النبي أو الرسولِ المبعوثِ من اللهِ.

‑ {.. وَمَا كَانَ لِرَسُولٍ أَنْ يَأْتِيَ بِآيَةٍ إِلَّا بِإِذْنِ اللهِ.. } غافر٧٩ .

(…And it is not possible for any Messenger to bring a Sign except by the leave of Allah…) GAFIR/ AL-MUMIN 79

‑ (قالتْ أنّىٰ يكونُ لي غُلامٌ ولمْ يَمسَسْني بشَرٌ ولمْ أكُ بغياً، قالَ كَذلك قالَ رَبُكِ هُوَ عليَّ هَيِّنٌ ولِنجعلَهُ ءايةً للنّاسِ ورَحمةً مِنا وكانَ أمراً مَقْضياً)

مريم ١‑ 22 .

(She said, 'How can I have a son when no man has touched me, neither have I been unchaste?. The angel said, 'Thus it shall be. But says thy Lord, 'It is easy for me; and We shall do so that We may make him a Sign unto men, and a mercy from Us, and it is a thing decreed.')
MARYAM21-22

‑ (وجَعَلْنا ابنَ مَرْيَمَ وأُمَّهُ آيةً وأوينْهُما إلىٰ رَبْوةٍ ذاتِ رارٍ و مَعِنٍ)

المؤمنون 1أ .

(And We made the son of Mary and his mother a Sign, and gave them shelter on an elevated land of green valleys and springs of running water.)

AL-MUMINUN51.

‑ (والتي أحصــــنتْ فَرجَها فَنَفخْنا فِيهِ مِن رُوحِنا وجَعَلْناها و بذَرِها آيةً للعالمينَ) الأنبياء2أ .

(And remember her who guarded her chastity, so We breathed into her of our Word and We made her and her son a Sign for all peoples.)

AL-ANBIYA92

- الآيةُ The Sign : هي أمرٌ خارقٌ للعادة وللمألوف يُظهِرُهُ الله ويمنده نبي من أنبياءه لتأييدِهِ وليتحدّىٰ به الناس ،فيعجزونَ عن الإتيانِ بمثله، وهيَ ليستْ خارقةٌ لسُنَنِ اللهِ الكونية.

- والـسُنَنُ: هيَ القوانينُ التي و ضعها اللهُ في هذا الكون المُتعلقةُ بالطبيعةِ من حردَ - ديناميكا و ستاتيذ - وقوانينِ الطاقةِ والجاذبية وحركةِ الكواكبِ والنجومِ والأجرامِ والمجرّاتِ والتناسُلِ في علم الكائناتِ.. وغير ذلك..

- إنّ الآيةَ/المُعجزةَ لاتكونُ إلجائدّيةً Resorting Miracle أي التي لا تُجر رُ الإنسانَ إلىٰ الإيمان كإحياء موتىٰ مثلاً، لأنَّ بذلكَ، يتحوّلُ الإمان إلىٰ يقينٍ بالرّسُولِ أو بتأليهِهِ، ويغيبُ الإيمانُ الذي يَسْتَلزِمُ الشِّقَّ لعقليَّ الغيبيِ .

- والقرآن جاءَ - كغيرِه من الرِ سالاتِ الإلهيةِ - لمُخاطبةِ العقل البِ شري ليمحيَ الخرافاتِ والأ ساطير التي تمخ ضت في الفكر الإذ ساني في زمن لأوثان وتعدُّدِ الآلهةِ وليُغلِّبَ سُلطانَ العقلِ علىٰ سُلطانِ المُعجزة، ذُكِرتْ كلمةُ(تَعقلُونَ) ٢٤ مرة، وذُكِرَتْ كلمةُ (يَعقلُونَ) ٢٢ مرة، فيَكُونُ إجماليُّ ذكرِ جوهرَةِ العقلِ هو ٤٦ مر ....(بالإ ضافةِ إلىٰ آياتِ ولي النُّهَىٰ، وأُ لي الأبِ صار، وأولي الألبَابِ، ا (هل في ذلكَ لق سمٌ لذي حِجرٍ) مقابل عدم ذكر كلمة معجزه نهائيا

٤ - طلبَ الكُفّارُ من الرسُولِ محمد أن يَصعدَ إلىٰ السماءِ ليُنزِّلَ عليهم كِتاباً ليُصدِّقوهُ وليأمرُهُم بإتباعه:

اوقالوا لنْ نُؤمنَ لكَ حتَّىٰ تَفْجُرَ لنَا منَ الأرض ينَبوعاً،أو تَكُونَ لكَ جنَّةٌ منْ نَخيلٍ وعنبٍ فَتُفجِّرَ الأنهَارَ خلالَها تَفجيراً، أو تُسْــقطَ السـماءَ كما زعَمْتَ علينا كِسَــفاً أو تأتي باللهِ والملائكة قبيلاً، أو يكونَ لكَ بيتٌ من زُذرفٍ أو ترقىٰ في الـسَّماءِ ولَنْ نُؤمنَ لِرُقيِّكَ حتَّىٰ تُنَزِّلَ علينا كتاباً نقْرؤَهُ قُلْ سُــحَانَ ربِّي **هلْ كُنْتُ إلا بشَراً رسُولًا** الإسراء94-11 .

(And they say, 'We will not believe in thee until thou cause a spring to gush forth for us from the earth; Or, thou have a garden of date-palms and vines and cause streams to gush forth in the midst thereof in abundance; Or, thou cause the heaven to fall upon us in pieces, as thou hast claimed, or, thou bring Allah and the angels before us face to face; Or, thou have a house of gold or thou ascend up into heaven; and we will not believe in thy ascension until thou send down to us a Book that we can read.' Say, 'Holy is my Lord! <u>I am but a mortal sent as a Messenger.'</u>AL-ISRA91-94

مُما يؤكِدُ عدمَ إمكانيةِ صعودِ سيدِ البشرِ للسماءِ, وسيتم توضيح كـفية رحلةِ الإسراءِ لاحقة ، وبالتالي عدمِ إمكانيةِ صعودِ عيسى عليه السلام إلىٰ السماءِ. (من كتاب حقيقة إحياء الموتٰ ١٠).

– فالبـشرُ الرسولُ لا يُعطىٰ المُعجِزاتُ التي تَخرقُ السننَ الكونية كالترقِّي في السماءِ ... *or thou ascend up into heaven*) مِمّا يؤكِدُ أنّ المُعجِزة

ليست خرقاً للسُنَنِ وإنّما هي خرقٌ للعادةِ والمألوفِ، (كآيةٍ) ولادةِ يحياَ ن زكريا عليهما الـسلام من أمٍّ عاقرٍ ومِن أبٍ عجوزٍ، ثم (كآيةٍ) ولادةِ عيـسى بن مريم عليهما السلام من غيرِ أبٍ (تمهيداً لإنقطاعِ الرسالةِ الموسويةِ من سُلالةِ بني إسحقَ إلىٰ بني إسماعيل)

– (لِذلكَ أقولُ لكُم: إنَّ ملكوتَ اللهِ ينْزَعُ منكُمْ ويُعطىٰ لأمَّةٍ تَعمَلُ أثْمَارَهُ) إنجيل متّ ٢١:٤٣

* فظاهرةُ الولادةِ والإنجاب من أمٍّ فقط – وهو الأمرُ الخارقُ للعاد – هي ظاهِرةٌ موجودةٌ في عالمِ الحيوان وعالمِ النبات تحت إسـم التكاثُرِ العذري Virgin Reproduction.

– كما يُسَــجَّلُ طبياً حالات تلِدُ فيها إمرأةٌ بدون رجلٍ كل ٠٠ عامٍ، وهي ظاهرةٌ تُ سمّىٰ أرهينوبلا ستوما Anomalies (Arrehenoblastoma Curiosities ln medicine by: George M. Gould, A.M, M.D., .ublished by W.B. Saunders & Co., London

– كذلك حدثَ تطورٌ علميٌّ كبيرٌ في مجالِ الإسـتنسـاخ بالولادةِ بدونِ أبٍ The Science of cloning. وهو من أعـمالِ البشـــرِ، وذلك يُبَينُ أنَّ المُعجِزةَ/أو الآيةَ ليسـت بخارِقةٍ للسُـنن وإنّما خارِقةٌ للعادةِ وللمألوفِ عندَ البشر.

- وعبر الزمن والأبحاث العلمية يكتشف الإنسان ماهية (الظاهرة/المُعجزة/الآية).

- ولن يستطيع الإنسانُ أن يُحيط بهذه السُنن الكونية Cosmic nature كلِّها، لذلك يُحكمُ على (الظاهرة/المعجزة) بأنها خارقةٌ للسُنَن لأنّ *الإنسانَ لم يُحط بهذه السُنَن جميعِها أو أنّ الإنسان لم يستطع الإحاطةَ هذه الظاهرةِ/المُعجزةِ بعد.

خامساً/ الأدلةُ على وفاةِ عيسى عليه السلام من القرآن:

The Evidence from the Quran on the death of
Isa/Jesus

إنَّ أكثرَ ما تكلَّمَ عنهُ القرآن في وفاةِ نبي مِنَ الأنبياءِ هو عيسى إبن مريمَ عليه السلام درءًا

للمخاطرِ التي سيتعرضُ لها المُسلمونَ نتيجةَ فكرةِ إستمرارِ حياتِه في السماءِ حتى نزولِه آخرِ الزمانِ، و هناكَ ما يؤكدُ ذلك من الآيات :

١ – (وما جعلنا لبشرٍ من قبلِكَ الخُلْدَ أفإنْ مِتَّ فهُمُ الخالدون) الأنبيا ٤٣ .

(We granted not everlasting life to any mortal before thee. If thou shouldst die, shall they live here forever)
AL-ANBIYA 34

وإذا كان اللهُ يقصِدُ محمداً هنا، فالمُقارنةُ تكونُ بين الرُّسُلِ أولى، لا بين النبي وعامةِ البشر.

وهذهِ الآيةُ تنْفي الخلودَ طولَ المَكْثِ) عن جميع البشرِ الذين كانوا قبل النبي محمدٍ ومَنْ يأتي بعدَهُ.

٢ - (وما مُحمدٌ إلا رَسُولٌ قد خَلَتْ مِنْ قبلِهِ الرُّسُلُ أفإنْ ماتَ أو قُتِلَ انْقَلبْتُم على أعقابِكُم) آل عمرا١٤٤ .

(And Muhammad is but a Messenger. Verily, all Messengers have passed away before him. If then he dies or is slain, will you turn back on your heels?)
AL IMRAN 144

لا إستِثْناءَ من الأنبياءِ في خاصية الخلودِ .

٣ - (ما المَسيحُ إبنُ مَريمَ إلّا رسولٌ قد خَلَتْ من قبلِهِ الرُّسُلُ وامُّهُ صِدِّيقةٌ كانا يَأكُلانِ الطعا. .) المائدة ٧٥ .

(The Messiah, son of Mary, was only a Messenger; surely Messengers like unto him had passed away before him. And his mother was a truthful woman. They both used to eat food…)AL-MAIDAH 75

فعيسىٰ كغيرهِ من الرُّسُلِ، خلا كما خَا - ماد - وكانَ يأكُلُ كما كانوا يأكُلُونَ فجسدُهُما العنصري الفيزيقي لحي كان يحتاجُ إلىٰ طعام، وينقطع الطعامُ بإنقطاعِهِما عن الحياة العنصرية هذهِ.

٤ – (ومَا أرسلَنا قَبلَكَ من المُرسلينَ إلا أنهُ لَيأكُلونَ الطعامَ ويَمشون في الأسواقِ) الفرقان ٢٠ .

(And We did not send any Messengers before thee but surely, they ate food and walked in the streets…) AL-FURQAN20

٥ – (وما جَعلناهُم جَسَداً لا يأكُلُونَ الطعـمَ وما كانوا خَالدينَ) الأنبياء ٨ .

(Nor did We give them bodies that ate not food, neither were they to live for ever.) AL-AMBIYA 9

فحياةُ الأنبياءِ - جَسَدية - تحتاجُ إلىٰ طعامٍ وهُم غير مُخَلَّدينَ.

٦ – (والذين يَدعُونَ من دُونِ اللهِ لا يخلقُونَ شيئاً وهُم يُخلقونَ موات غيرُ أحياء وما يَشعُرونَ أَيـنَ يُبعثُونَ) لنحل١ – 2٢ .

(And those on whom they call beside Allah create not anything, but they are themselves created, They are dead, not living; and they know not when they will be raised.) AL-NAHL 21-22

تتحدّثُ الآيةُ عن المعبودِ البشـ ي وليس عن الأصنامِ الحجريةِ فلا يُعقَلُ ن يُنسبَ إليها الشعورُ بالبعثِ، وإنّ أكثَرَ من عُبِدَ من دونِ اللهِ تعالىٰ هو عيسىٰ، ولذا، فالآيةُ تنصُّ علىٰ موتهِ، وتؤكدُ أنهُ غير حي وما يشعُرُ أيانَ يُبعث، وما يؤكدُ هذا المعنىٰ هو :

(اتَّخَذوا أحبارَهُم ورُهبانَهُم أرباباً مِن دونِ اللهِ والمسيح َ ابنَ مريم َ وما أُمِروا إلّا لِيَعبدُوا إلٰهاً واحداً لا إلهَ إلا هو سُبحانَهُ عمّا يُشركونَ) التوبِ ٣١ .

(They have taken their priests and their monks for lords besides Allah. And so have they taken the Messiah, son of Mary. And they were not commanded but to worship the one God. There is no God but he. Holy is he far above what they associate with Him.) AL-TAUBAH 31

٧ – علىٰ لسان عيسى : (والسلام ُ عَلَيَّ يوم َ وُلِدتُ ويوم َ أموتُ ويوم َ أ عثُ حياً) مريم34

('And peace was on me the day I was born, and peace will be on me the day I shall die, and the day I shall be raised up to life again'.)MARYAM34

وعن يَحيىٰ عليه السلام (وسَلامٌ عليهِ يوم َ وُلِدَ ويوم َ يَ وتُ ويوم َ يُ عثُ حيّاً) مريم6 .

23

(And peace was on him the day he was born, and the day he died, and peace will be on him the day he will be raised up to life again.)MARYAM16

٨ – (إذْ قالَ اللهُ يا عيسىٰ ابنَ مريمَ اذكُر نعمتي عليكَ وعلىٰ والِدتِكَ إذْ أيَّدتُكَ بِروحِ القُدُسِ تُكَلِّمُ الناسَ في المهدِ وكَهلاً وإذْ علَّمتُكَ الكِتٰبَ والحِكمةَ والتوراةَ والإنجيلَ وإذْ تخلُقُ مِنَ الطِّينِ كهيئةِ الطيرِ بإذني فتنفُخُ فيها فتكونُ طيراً بإذني وتُبرِئُ الأكمهَ والأبرصَ بإذني وإذْ تُخرِجُ الموتىٰ بإذني وإذْ كَفَفْتُ بني إسرائيلَ عنكَ إذْ جِئتَهُم بالبينات فقالَ الذينَ كفروا مِنـ م إنْ هذا إلا سِحرٌ مُبينٌ) المائد ١١٠ .

(When Allah will say, "O Jesus, son of Mary, remember My favour upon thee and upon thy mother; when I strengthened thee with the Spirit of holiness so that thou didst speak to the people in the cradle and when of middle age; and when I taught thee the Book and wisdom and the Torah and the Gospel; and when thou didst fashion a creation out of clay, in the likeness of a bird, by My command; then thou didst breathe into it a new spirit and it became a soaring being by My command; and thou didst heal the night-blind and the leprous by My command; and when thou didst raise the dead by My command; and when I restrained the Children of Israel from putting thee to death when thou didst come to them with clear Signs; and those who disbelieved from among them said, ' This is nothing but clear deception'.) AL-MAIDA 110

– فلمْ يُذْ رْ نعمةُ حياتِه في السَّــماءِ حتى^ الآن، ما يؤكدُ أنَّ فِكرةَ حياتِه بجسدِه عقيدةٌ باطلةٌ، وأنه مات مثلَ باقي الأنبياءِ والبشرِ.

٩ – إنَّ عيسى عليه الـسلام – قبلَ بعثةِ النبي محمد – جاءَ رَسُولاً أذراً فقط لبنى إسرائيلَ وليس للعالمينَ:

(وإذْ قالَ عيسى إبنُ مريمَ يا بني إسرائيلَ إنّي رَسُولُ اللهِ إليكُم مُصدِّقاً لما بينَ يدَيَّ مِن التوراةِ ومُبَشِّــراً بِرسُــولٍ يأتي مِن بعدي إسْــمُهُ أحمدُ   ) الصف ٦ .

(And call to mind when Jesus, son of Mary, said, 'O Children of Israel, surely, I am Allah's Messenger unto you, fulfilling that which is before me of the prophecies of the Torah, and giving glad tidings of a Messenger who will come after me, his name being Ahmad…)

AL-SAFF 6.

١٠ – عاشَ عيسى عليه الـسلام حتى^ صارَ كهلاً مُتقدِّماً في العُمر وبات وجيهاً قبلَ وفاتِه حيثُ كان يُلاحقُ ويُعذّبُ في شبابه..

(إذْ قالتِ الملائكةُ يا مريمُ إنَّ اللهَ يبشِّرُك بكلمةٍ منهُ إسمُهُ المسيحُ عيسى^ إبنُ مريم وجيهاً في الدُّنيا والآخرةِ ومِن المُقربّين) آل عمران6١ .

(When the angels said, 'O Mary, Allah gives thee glad tidings of a son through a Word from Him; his name shall be the Messiah, Jesus, son of Mary, honoured in this

world and in the next, and of those who are granted
nearness to God.)AL IMRAN46

– فهي نبوءٌ، – مُحكمَاً – بأنه لن يموتَ على الصليب (أي لن يموت
ملعوناً كما أراد اليهودُ تحقيقاً لما وردَ في سفرِ التثنية ١، ٢، ٣) أنّ مَنْ
يدّعي النبوة فيصلب – يُقتلُ أو يُعلّ – على الخشبة فهو ملعونٌ).

١ – معنىٰ (التَّوَفِّيDying) و (الرَّفْعُ Exalting/raising) في القرآن:

(١) / (رأيُ الشيخ محمود شلتوت Sheik Mah. Shaltoot)

إنَّ كلمةَ (تَوَفِّي) تعني الموتَ مِن بابِ (التَفَعُّل) مالمْ تتّصلْ قرينةٍ صارفةٍ
(كالليلِ أو النومِ).

(1-) / (رأي الدكتور محـمد شـــحرور2019) Mohammed
Shahroor

– وردت كلمةُ (التوفّي) في القرآن ٥ مرةً، منها 4 مرةً بمعنىٰ (الموت)
؛ وهناكَ مرة بمعنىٰ النوم لإتصالِها بقرينةٍ صارفةٍ :

(وهُو الذي يَتوفَّاكُمْ بالليلِ ويعلَمُ ما جرَحتُمْ بالنَّهارِ ثُمَّ يبعثُكم فيه يُقضىٰ
أجَلٌ مُسمّىٰ ثُمَّ إِليه مَرجِعكُم ثُمَّ ينبِئُكم بِما كُنتُم تَعمَلونَ) الأنعام1٠ .

(And He it is Who takes your souls by night and knows
what you do by day, then He raises you up again therein,

that the appointed term may be completed. Then to Him is your return. Then will He inform you of what you used to do.) AL-ANAM61

ووصـــفَ المنامَ بالموت فإذا ما رجعَ الشـــخصُ واعياً إلىَ الوجودِ الدنيوي صارت حالةُ الوفاة:

(اللهُ يتَوفَّىٰ الأنْفُسَ حينَ مَوتِها والتي لمْ تمُتْ في منَامِها فيُمْسِكُ لتي قَضىٰ عليها الموتُ ويُرسِــــلِ الأخرىٰ إلىٰ أجَلٍ مُسَــمَّىٰ إنَّ في ذَلِكَ لآياتٍ قَومٍ يتَفكَّرُونَ) الزمر3|.

(Allah takes away the souls of men at the time of their death; and of those also that are not yet dead, during their sleep. And then He withholds those against which He has decreed death, and sends back the others till an appointed term. In that, surely, are Signs for a people who reflect.)AL-ZUMAR43

- ما عدا ذلك، فكلمةُ (تَوَفِّي) تعني الموتَ:(قُلْ يتوفَّاكُم ملَكُ الموتِ الذي وُكِّلَ بِكُمْ إنَّ الذينَ توفَّاهُمُ الملائكةُ ظالمِي أنفُ سِهِم/ولو ترىٰ إذْ يتَوفَّىٰ الذينَ كَفَروا الملائكةُ/توفَّتهُم رُ سُلُنا/ومنكُم من يتُوفَّىٰ/حتىٰ يتَوفَّاهُنَّ الموتُ/توَ ا ي مُسلِماً والحِقني بالصالحينَ).

- (ومَكَروا ومَكَرَ اللهُ واللهُ خيرُ الماكِرينَ☐ إذْ قالَ اللهُ يا عيسىٰ إنِّي مُوفِّيكَ ورافِعُكَ إليَّ ومطَهِّرُكَ مِن الذينَ كفَرُوا وجاعِلُ الذينَ اتبَعوكَ فوقَ الذينَ

كَفَرُوا إلىٰ يومِ القيامة ثُمَّ إلَيَّ مَرجِعكُم فأحكُمُ بينكم فيما كُنتُمۡ ۽ يه تَختَلِفون)

آل عمران5 –6ز .

(And Jesus's enemies planned and Allah also planned, and Allah is the Best Planner, Remember the time when Allah said, 'O Jesus, I will cause thee to die a natural death and will raise thee to Myself, and will clear thee of the charges of those who disbelieve, and will exalt those who follow thee above those who disbelieve, until the Day of Resurrection; then to Me shall be your return, and I will judge between you concerning) AL IMRAN55-56

الآية تُبيِّنُ كيف قرَّرَ اللهُ أن ينصُرَ نبيهُ عيسى عليه السلام ويمنعَ عنه الإذىٰ في حياتِه وبعد مماتِه، فتوعَّدَ اليهودُ المسـيحَ بقتله بالصـلبِ ومكروا من أجل ذلكَ، و ذهبوا إلىٰ الحاكمِ الرومانِي (بيلاطيس) يحُضُّـونهُ علىٰ أن يُحاكِمَهُ بتُهمة التمرُّد والعـصيان علىٰ الدولةِ، ولِيَ صِفُوهُ بالكذب واللعنةِ،لأن التوراةَ تصِـفُ من صـلبَ(يُعلَّق ويُقْتَلُ) علىٰ خشـبةٍ فهو ملعون،سـفر التثنِ ١ ٢ ٣).

* لم تتصل بالآيةِ قرينةٌ صارفةٌ للقولِ بأنَّ عيسىٰ حيٌّ في السماءِ.

الرَدُّ على مَنْ يقولُ أنَّ وفاتَهُ تكونُ بعد نزُولهِ من السماء

The idea of his death after his descent from heaven
is false and unreasonable

لانستطيع أن نقولَ بأنّ الوفاة هنا المراد بها وفاة عيســىٰ بعدَ نُزوله من السماءِ – بناءً علىٰ من يرىٰ أنهُ حيٌّ في السما -- وأنّهُ سينزلُ آخرَ الزمان؛ لأنَّ الآيةَ ظاهرةٌ في تحديدِ علاقتهِ بقومهِ هو لا بالقومِ الذينَ يكونون آخرَ الزمانِ وهُم قومُ محمدٍ بإتفاقٍ لا قومُ عيسىٰ.

* (بلْ رفَعَهُ الله إليه) النسا ١٥٨

فسّرها بعضُ المُفسرينَ بل جمهورهم بالرفع إلىٰ السماءِ؛ وأنَّ اللهَ القىٰ علىٰ غيرهِ شَبههُ ورفعَهُ بجَسده إلى السماءِ، فهو حيٌّ وسينزلُ آخرَ الزمانِ فيَقتلَ الخنزيرَ ويكسرَ الصليبَ..

ويعتمدون في ذلكَ ﻋﻠىٰ :

أ/ رواياتٌ تُفيدُ نزولَ عِيسىٰ بعدَ الدجّالِ ،وهي رواياتٌ مُضطربةٌ مُختلفةٌ في الفاظها ومعانيها إختلافاً لا مجالَ معهُ للجمعِ بينهُما، وقد نصَّ علىٰ ذلك علماءُ الحديثِ، وهي فوقَ ذلكَ من روايةٍ وهبِ بن مُنَبه وكعبِ الأحبار وهما من أهلِ الكِتِبِ اﻟذين إعتنقوا الإسلامَ، وقد عُرِ ت درجتُهُما في الحديثِ عندَ علماءِ الجرحِ والتعديلِ.

ب/ على‌ حديثٍ مَرويٍ عن أبي هريرة، إقتصـــرَ فيهِ على‌ الإخبارِ بنزولِ عيسى وهو أحاديثُ الآحاد لا تُفيدُ عقيدةً ولا يصِحُّ الإعتمادُ عليها في شأنِ الغيبيات.

ج/ ما جاءَ ي حديثِ المعراجِ من أنَّ النبي محمداً عندما صعدَ إلى السماءِ وأخذَ يستَفتِحُها واحدةً بعد واحدةٍ، رأى‌ عيسى عليه السلام وإبن خالتِه يحيى‌ في السماءِ الثانية، فما قرّرَهُ كثيرٌ من شُرّاحِ الحديثِ أنّهُ إجتماعاً روحياً لا جُسمانياً (فتح الباري وزاد الميع د وغيرِهما).

ويَستدِلَ فريقٌ على‌ أنَّ الإجتماعَ بين محمدٍ صلى الله عليه و سلم وعيسى عليه السـلام كانَ جسدياً بقولهِ (رفعه الله إليهِ) وهكذا يتخذونَ الآيةَ دليلاً على‌ مايفهمونهُ من الحديثِ حين يكونونَ في تفسـيرِ الحديثِ، يتّخذونَ الحديثَ دليلاً على‌ ما يفهمونهُ من الآية حين يكونونَ في تفسيرِ الآيةِ.

* في الآيةِ الأولى‌ (إِنِّي مُتَوَفِّيكَ ورافِعُكَ إليَّ ومُطَهِّرُكَ مِنَ الذينَ كفرو   ) آل عمران5ة .

(O Jesus I will cause thee to die a natural death and will raise thee to Myself, and will clear thee of the charges of those who disbelieve...) AL IMRAN 55

وفي الثانية (بلْ رفَعهُ الله إليهِ..) النسا ٥٨ا .

(On the contrary, Allah exalted him to Himself….) AL-NISA185

نرىٰ أنَّ الثانيةَ هي تحقيقُ الوعدِ الذي تضمَّنَتْهُ الأولىٰ؛ وكانَ الوعدُ بالتّوفِّي والرَّفعِ والتّطهيرِ مِنَ الذينَ كفروا..

فإذا كانت الآيةُ الثانيةُ خاليةً من التّوفِّي والتّطهيرِ؛ فلا بُدَّ الفَهْمِ بأنَّ ما ذُكِرَ في الأولىٰ هو جمعٌ بينَ الآيتين.

ـ فلماذا نَفْهَمُ (رفَعَهُ إليه) يعني (رفَعَهُ إلىٰ السَّماءِ) واللهُ لا مكانَ لهُ ولا زمانٌ ؟

* بيانُ معنىٰ (الرفعِ) =

The meaning of "Exalting"

أ/ جاء الرفعُ في القرآنِ كثيراً بِمعنىٰ التكريم Honoring والمكانةِ:

ـ (فِي بُيُوتٍ أَذِنَ اللَّهُ أَن تُرْفَعَ وَيُذْكَرَ فِيهَا اسْمُهُ يُسَبِّحُ لَهُ فِيهَا بِالْغُدُوِّ وَالْآصَالِ) النور7ٰ .

(This light illumines houses with regard to which Allah has ordained that they be exalted and that His name be remembered in them. Therein do glorify Him in the mornings and the evenings.)AL-NUR37

ـ (... نَرْفَعُ درجاتٍ مَنْ نشاءُ وفوقَ كُلِّ ذي عِلْمٍ عليمٌ) 7ٰ يوسف.

(..We raise in degrees of rank whomsoever We please; and over every possessor of knowledge is One, Most-Knowing.) YUSUF77

ـ ورفَعناهُ مكاناً عليّاً) مريم8ذ .

(And We exalted him to a lofty station.) MARYAM58

عن إدريس ..Idris) عليه السلام

ـ .. يَرْفَعِ اللَّهُ الَّذِينَ آمَنُوا مِنكُمْ وَالَّذِينَ أُوتُوا الْعِلْمَ دَرَجَاتٍ ۚ وَاللَّهُ بِمَا تَعْمَلُونَ خَبِيرٌ) المجادلة2 .

(..Allah will raise those who believe from among you, and those whom knowledge is given, to degrees of rank. And Allah is Well-Aware of what you do.) AL-MUJADALAH12

ب/ القولُ في (رافِعُكَ إليَّ) و في ابلْ رفَعَهُ الله إليه) كالتعبيرِ في قولِهم (لحِقَ فُلانٌ الرفيقِ الأعلىٰ) وفي (إنَّ الله مَعَنا) وفي (عند مَلِيكٍ مُقْتَدِرٍ) ، وكلُّها يُفهَمُ منها الرعايةُ والحفظُ والدخولُ في الكَنَفِ المُقَدَّسِ.

ج/ في الآيةِ (فلمّا أحسّ عِيسىٰ مِنهُمُ الكُفرَ قالَ من أنصاري إلى الـ ...) آل عمران3، .

(And when Jesus perceived their disbelief, he said, 'Who will be my helpers in the cause of Allah? '.) AL IMRAN53

وفي الآيةِ (وَمَكَروا ومَكَرَ اللهُ واللهُ خَيرُ المْكرينَ) آل عمران٥٠ .

(And Jesus's enemies planned and Allah also planned, and Allah is the Best of Planners.)AL IMRAN55

ثُمَّ في الآيةِ (إذْ قالَ اللهُ يٰعيسىٰ إنِّي مُتَوفِّيكَ ورافعُكَ إليَّ ومطهِّرُكَ منَ الذينَ كَفَروا .....) آل عمران6أ .

(Remember the time when Allah said, 'O Jesus, I will cause thee to die a natural death and will raise thee to Myself, and will clear thee of the charges of those who disbelieve,.)AL-IMRAN56

– حيثُ بيَّنَ اللهُ قوَّةَ مَكرِه بالنسـبةِ إلى مَكرِهم؛ وأنَّ مَكْرَهُم في إغتيالِ عيسى قد ضاعَ أمامَ مَدَرِ للهِ في حفظِه وعصمتِه , فَكيفَ يكونُ إذ اذْ عيسىٰ بِطريقِ إنتزاعِه منْ بينِهِم ورفْعِه بجَسدِه إلىٰ السماءِ مكْراً؟

وكيفَ يُوصَفُ بأنَّهُ خيرٌ منْ مَكرِهِم معَ أنَّهُ شىئٌ ليسَ في إستطاعتِهم أنْ يُقاوموهُ؛ فهو شىئٌ ليسَ في قُدرةِ بشَرٍ . ؟

‹ فلا يَتَحَقَّقُ مكْرٌ في مُقابلِ مكْرٍ إلَّا إذا كانَ جارياً علىٰ أُسلُوبِه غيرِ خارج عن العادةِ ›

- وبالمِثْلِ جاءَ في شأنِ محمدٍ صلَّى‌ الله عليه وسلم :

(وَإِذْ يَمْكُرُ بِكَ الَّذِينَ كَفَرُوا لِيُثْبِتُوكَ أَوْ يَقْتُلُوكَ أَوْ يُخْرِجُوكَ ۚ وَيَمْكُرُونَ وَيَمْكُرُ اللَّهُ ۖ وَاللَّهُ خَيْرُ الْمَاكِرِينَ) الأنفال١٣ .

(And remember when the disbelievers devise plans against thee that they might put thee in confinement or slay thee or expel thee. And they planned and Allah also planned, and Allah is the Best of planners.) AL-ANFAL31

(١١) / يقولُ الإمامُ الفخر الرازي :Imam Fakhr Al-Razy

- (**إنّي مُتَوَفِّيكَ**.. will cause thee to die) أي مُنهي أجلَكَ، و**رافعُكَ إلَيَّ** And will raise thee to Myself) أي رافعُ مرتبتَكَ ورافعُ روحكَ إليَّ و **مُطَهِّرُكَ مِنَ ا لذينَ كَفَرو** .. *And will clear thee of the charges of those who disbelieve,.*) أي مُخرِجُكَ مِن بينِهِم، ومُفَرِّقٌ بينَكَ وبينَهُم .

- فكما عظَّمَ شأنَهُ بلفظِ الرَّفعِ إليه، خبَّرَ عن التَّخليصِ بلفظِ ا لطهيرِ .

- **وجَاعِلُ الذين إتّبعُوكَ فوقَ الذين كَفَرو** .. and will exalt those who follow thee above those who disbelieve) الفوق ية،تعني الفوقية بالحُجَّةِ والبُرهان .

- و(الفوقيةُ) هنا تدُلُّ علىٰ أنَّ رفعَهُ في **ورافعُكَ إليَّ** Exalting/Raising o me) هو رفعُ الدرجةِ والمَنْقبة لا المكانَ ولا الجهةَ كما أنَّ الفوقية في هذه الآيةِ ليستْ بالمكان بلْ بالدرجةِ والمكانة.

(١) / ويقولُ الألوسـي في روحِ المعاني : Al-Alusi In (RUH AL- MAANI)

- (**إنّي مُتَوَفِّيكَ**) أي إنّي ﻪ سْتَوفٍ أجلَك، ومُميتُكَ مَوتاً طبيعياً،لا أُسلطُ عليكَ من يَقتُلكَ، والرفعُ بعد الوفاةِ هو رفعُ المكانةِ لا رفعُ الجسدِ خصوصاً وقد جاءَ بجاذبه قوـله (ومطَهّرُكَ من الذينَ كفَروا) مما يدلُّ على أنَّ الأمرَّ تشريفٌ وتكريمٌ.

(١) / ويقولُ الإمامُ أحمد مُرتضــىٰ Imam Ahmed" Peace be upon him في (حـياةِ المسـيح ووفاتِـﻪ Life and death of Jesus ص ٧ ٨:)

- ولا يتوهَّمَنَّ أحدٌ مما يلي (**مُتوَفِّيكَ**) القولَ **ورافعُكَ إليَّ**) أنَّهُ ريدَ به الرفعُ الجـسماني، فإنّهُ لا بُدَّ صوّرُ أنْ يكونَ المُرادُ الـصعودَ الجـسماني بعد التوفِّي.. أي بعدَ مفارقةِ لروحِ الجسـم؛ ولأنَّ الجسـمَ الميْتَ لا فائدةَ من صعوده إلىٰ الـ سماءٍ؛ ولأنَّ الروحَ هي التي ينبغي أنْ تُرفعَ إلى اللهِ تعالىٰ دونَ الجـسمِ الذي فارقتهُ لأجلِ الرجوعِ لربِّها، وإلا فإنْ كان المقـصودُ رفعُ الجسـمِ والروح كليهِما لما احتيجَ إلىٰ التفريق بينهُما بالقول (**إي مُتَوَفِّيكَ**

ورافِعُكَ إليَّ)، ولكن يُكتفىٰ بالقول فقط إنِّي رافِعُكَ إليَّ) دونَ القول إنِّي مُتَوَفِّيكَ) لأن الصعودَ المزعومَ يتمُّ به وحدهُ.

– إنَّ تقديمَ اللهِ تعالىٰ فعلَ التّوفِّي قبلَ الرفعِ في قولهِ، ليُزيلَ الإبهامَ عن وجههِ المعنىٰ المراد، ويُفهِمنا لكُلِّ جلاءٍ أنهُ يُريدُ بالرفعِ المذكُورِ، الرفْعَ الروحانيَّ الذي يتشرَّفُ به عبادُه المُكرَّمُونَ بعد وفاتِهم دونَ رفعِ الجسدِ العنصري.

وظاهرٌ من سياقِ الكلامِ وسباقهِ أنَّ اليهودَ إنما كانوا يقصِدونَ من صلبهِ تكذيبَ رِسالَتِه وإبطالَ كرامتِه النبوية وفقاً للمعيارِ المذكورِ في ذَتابهم المُقدس، التثنِة ١٨ : ٢٠ ٢٣)، وكذلكَ نبوءةٌ ضد الأنبياء الكذبة، حزقيال ١٣ ٦).

١٢ – الرد علىٰ من يقولُ بوفاةِ عيسىٰ بعد نزولهِ من السماء:

The cause of the wrong concept of the death after coming from heaven

أ / (إِذْ قَالَ اللَّهُ يَا عِيسَىٰ إِنِّي مُتَوَفِّيكَ وَرَافِعُكَ إِلَيَّ وَمُطَهِّرُكَ مِنَ الَّذِينَ كَفَرُوا وَجَاعِلُ الَّذِينَ اتَّبَعُوكَ فَوْقَ الَّذِينَ كَفَرُوا إِلَىٰ يَوْمِ الْقِيَامَةِ ۖ ثُمَّ إِلَيَّ مَرْجِعُكُمْ فَأَحْكُمُ بَيْنَكُمْ فِيمَا كُنتُمْ فِيهِ تَخْتَلِفُونَ) آل عمران (٥٥).

(Remember the time when Allah said, O Jesus, I will cause thee to die a natural death and will raise thee to Myself,

and will clear thee of the charges of those who disbelieve, and will exalt those who follow thee above those who disbelieve, until the Day of Resurrection; then to Me shall be tour return, and I will judge between you concerning that wherein you differ.) AL IMRAN 55

١ / لا ٲستطيع أن نقولَ بأنّ الوفاة هنا المراد بها وفاة عيسىٰ بعدَ نُزولهِ من السماءِ – بناءً ٠لىٰ من رىٰ أنهُ حيٌّ في السما – وأنّهُ سينزلُ آخرَ الزمان؛ لأنّ الآيةَ ظاهرةٌ في تحديدِ علاقتِه بقومِهِ هو لا بالقومِ الذينَ يكونون آخرَ الزمانِ وهُم قومُ محمدٍ بإتفاقٍ لا قومُ عيسىٰ.(سبق الإشارة إلى ذلك).

٢ / (إنّي مُتَوَفِّيكَ .. *I will cause thee to die a natural death*) إنّي مُنهي أجلَكَ أو مُميتُكَ موتًا طبيعياً.

(ورافِعُكَ إلي .. *and will raise thee to Myself*) ورافعُ روحَك إلىٰ مقامِ الكرامةِ الأبديةِ أو رفعِ التقرُّبِ المُعاكسِ للّعنةِ.

(ومُطَهِّرُكَ مِن الذينَ كَفَرُو . *and will clear thee of the charges of those who disbelieve*) بإظهارِ نجاتِكَ لِعلو مكانتِكَ.

(وجاعلُ الذين اِتبعوكَ فوقَ الذينَ كَفَروا إلىٰ يومِ القيامـ .. *and will exalt those who follow thee above those who disbelieve until the Day of Resurrection*) : أي الذين إتبعوا عيـسىٰ يكونون ظاهرينَ علىٰ الذينَ كَفَروا بهِ من بني إسرائيلَ إلى يومِ القيامة.

- ويؤيدُ ذلكَ قولـ (فَأَمَنَتْ طائفةٌ من بَني إسـرائيلَ وكَفَرَتْ طائفةٌ فأيدنا الذينَ آمنوا علىٰ عدوهم فأصبحوا ظاهرين) الصف١٥

(..So a part of the Children of Israel believed, while a party disbelieved. Then We aided those who believed against their enemy, and they became predominant.)AL-SAFF15

فيتبينُ أنّهُ غيرُ موجودٍ مع الذين إتبعوه إلى يوم القيامة وهو ما ينفي نُزولَهُ آخر الزمانِ.

- (ثمّ إليَّ ٥رجِعكُم فأحكمُ بينكُم فيما كُنتُم فيهِ تَختَلِفورَ: *then to Me .) shall be tour return, and I will judge between you concerning that wherein you differ*) أي الحُكم بين المؤمنينَ الاتباع وبينَ الكافرينَ بهِ، فيما تختلفونَ فيهِ من شأنِ المسيحِ وصلبهِ و أمور الدين، وهذه الآية هي وعدٌ من اللهِ تعالىٰ لما سـيحدثُ وفقاً لهذا الترتيب، ويوافق مع ما تحقق.

٣ / البعضُ يدّعي أنّ في الآيةِ تقديماً وتأخيراً؛ فيقولونَ أنّ اللهَ رفعَهُ أولاً ثم سيتوفاهُ بعد النزولِ، ففي ذلك إضطرابٌ، وفي ذلك إدّعاءٌ علىٰ كلام الله تعالى، فيُنسَبُ لـكتابِ النقصُ في التعبيرِ و تحريفٌ ، فذلكَ ؤدي إلى إختلالِ الأحداثِ بالآيةِ؛ فقد روعيَ في القرآنِ الكريمِ الترتيبُ المعنويُ والظاهري والزماني إلّا إذا تطلّبَ لترتيبِ المعنويُ للموضوعِ تقديما وتأخيراً للغرضِ

بلاغي , فالر سول محمدٌ صلى الله عليه و سلم يُقرِ ترتيبَ القرآنِ كما هو زمانيًا وظاهريًا ؛ وقد بدأ بالصفا قبل المروةِ في السعي .

٤ / في سورة المائدة لم يعلمْ عيسىٰ ابن مريمَ ما حلَّ بقومهِ بعدَ وفاته، ولم يعلمْ بأنهم إتَّخذوه إلهًا، ففي الآية إسـتجوابٌ للمسـيح حيثُ يكون في ءداد المُتوفِّينَ، سواءً يومَ القيامةِ أو في وقتٍ آخر :

(وإذْ قال اللَّهُ يا عيسى ابنَ مريمَ أأنتَ قُلْتَ للنَّاسِ اتخذوني وأُمِّي إلَهَينِ نِ دُونِ اللَّهِ ۖ قال سُبحانَك ما يكونُ لي أن أقولَ ما لَيسَ لي بـ ق ٍّ إنْ كنتُ قُلْتُه فقد علِمْتَهُ ۚ تعلَمُ ما في نفْسي ولا أعلَمُ ما في ذَ سِكَ ۚ إنَّك أنتَ علَّامُ الغُيوب، ما قُلْتُ لَهُمْ إلَّا ما أمَرْتني بهِ أن اعبُدُوا اللَّهَ ربِّي وربَّكم ۚ وكُنتُ عليهِم شهيدًا مَّا دُمتُ فيهِم ۖ فلمَّا توفَّيتَني كنتَ أنتَ ارقَّيبَ عليهِم ۚ وأنتَ علىٰ كُلِّ شَيءٍ شهيد ١٦ ١١٧ المائد .

(And when Allah will say, "O Jesus, son of Mary, didst thou say to men, Take me and my mother for two gods beside Allah? He will answer, "Holy art Thou, I could never say that to which I had no right. If I had said it, Thou wouldst have surely known it. Thou knowest what is in my mind, and I know not what is in Thy mind. It is Thou alone Who art the Knower of all hidden things;* "I said nothing to them except that which Thou didst command me –Worship Allah, my Lord and your Lord." And I was a witness over them as long as I remained among them,

but since Thou didst cause me to die, Thou has been the Watcher over them, and Thou art Witness over all things;)
AL-MAIDAH 116-117

* الأمرُ أخرويٌّ يتعلَّقُ بعبادةِ قومهِ لهُ ولأمهِ في الدنيا وسألَهُ اللهُ عنها، وتُقرَّرُ أنه لا علمَ له بما حصلَ بعد موتِه.

* يُقرُّ المسيحُ أنهُ كانَ شهيداً عليهمْ مُدَّةَ قامتهِ بينهم، ولا يعلمُ ما حصلَ منهم بعد أنْ توفاهُ اللهُ.

* لو فرضنا أنَّ عيسىٰ ابن مريم عادَ إلىٰ الدنيا، فتكونُ إجابتُهُ غيرَ صحيحة، حيثُ سيعلمُ ما أحدثَهُ قومهُ، فسيكونُ عليهم رقيباً فترةً من الزمن، فكيفَ سيُجيبُ ربَّهُ بهذا الجواب يوم القيامةِ؟

* ظاهرُ الآيةِ هي علاقتهِ بقومهِ هو وليسَ بالقومِ الذين يكونونَ آخرَ الزمانِ، وهم قومُ محمدٍ صلى الله عليه وسلم وليس قومَ عيسىٰ عليه السلام.

* إستدلَّ النبيُّ محمدٌ بالآيةِ علىٰ ذاتِ الموضوعِ:

{ يؤخذُ برجالٍ مِن أصحابي، فأقولُ أصحابي؟ فيُقالُ: إنهم لم يزالوا رتدِّينَ مُنذُ فارقتَهم؛ فأقولُ كما قال العبدُ الصالحُ عيسىٰ ابن مريم (وكُنتُ عَلَيْهِمْ شَهِيدًا مَّا دُمْتُ فِيهِمْ ۖ فَلَمَّا تَوَفَّيْتَنِي كُنتَ أَنتَ الرَّقِيبَ عَلَيْهِمْ ۚ وَأَنتَ عَلَىٰ كُلِّ شَيْءٍ شَهِيد .

صحيح البخاري: كتاب التفسير، باب وكنتُ عليهم شهيدا مادمتُ فيهِم.

وهذا ما يُبطلُ رأي أصحابِ الفتوىٰ بـ شأن الآية بأنّ سؤالَ عيسىٰ وقع في الدنيا .

ب / وَإِنْ مِّنْ أَهْلِ الْكِتَابِ إِلَّا لَيُؤْمِنَنَّ بِهِ قَبْلَ مَوْتِهِ ۖ وَيَوْمَ الْقِيَامَةِ يَكُونُ عَلَيْهِمْ شَهِيدًا) النساء 160

(And there is none among the People of the Book but will continue to believe in it before his death; and on the Day of Resurrection, he (Jesus) shall be a witness against them.) AL-NISA160

- (إنْ) بعدها (إلا) فهي تفيدُ النفي بِمعنىٰ (ما)

- كَلمةُ (مِنْ) تكونُ إمّا (للتَّبيينِ) أو (للتَّبعيضِ)

١ - إذا أخذنا (مِنْ) للتبيينِ، أي أنّ جميعَ أو كُلَّ فردٍ من هلِ الكتاب ليُؤمِننَّ به -

* (لَيُؤْمِنَنَّ).. لام التوكيد ونون التوكيد المُشدَّد، تُفيدُ المُستقْبلَ بكل معانيه.

* (بِهِ) هاء الضمير.. مِنَ المُفسرينَ مَنْ أرجعَهُ إلىٰ اللهِ تعالىٰ، ومنِهم من قال إنه النبي محمد صلى الله عليه وسلم، ومنهم من قال عيسىٰ عليه السلام (وهو ما نُرجِّحُهُ).

* (قبلَ مَوتِ) هاء الضمير، منهم مَن قال عيسى، ومنهم من قال أنه (لكِتابِي) نفسُهُ، وقراءةُ ُ ﺑﻲ بن كعب" قبلَ مَوتِهِ).

41

فلو فرضْنا أنَّ (جميعَ) اليهودِ والنصارىٰ سيؤمنونَ بعيسىٰ قبلَ موتِ عيسىٰ عندَ نزولهِ آخرَ الزمانِ، وهوَ ما يتطلّبُ بقاءَ أهلِ الكتابِ أحياءً منذُ ٠٠٠’ سنةٍ، وحتىٰ نزولهِ ليؤمنوا بهِ، والكثيرُ منهم ماتَ ولم يؤمنوا، فيكونُ هذا المعنىٰ باطلاً بداهةً

ويكونُ مُخالفاً لقولهِ تعالىٰ :

... وجاعلُ الذينَ اتبعوكَ فوقَ لذينَ كفروا إلىٰ يومِ القيامـ ..)56 ل عـ ران

(..and will exalt those who follow thee above those who disbelieve, until the Day of Resurrection…)AL IMRAN56

– أي، أتْباعُ عيسىٰ عليه السلام واليهود يبقونَ إلىٰ يومِ القيامة.

– وأتباعُ عيسىٰ يكونونَ ظاهرينَ علىٰ الكافرينَ بالمسيحِ من بنى إسرائيلَ لىٰ يومِ القيامةِ (وليسَ إلىٰ وقتِ نزولهِ).

(بعضُ إلاقتباـ سات من كتاب الفتوىٰ صـ ٦١ لـ شيخ محمود شلتوت-AL (؟ATWA61,"Mahoud Shaltoot

٢ – إذا أخذنا (منْ) للتبعيضِ؛ أي أنَّ جماعةً او طاائفَةً مِنْ أهلِ الكتابِ ليؤمننَّ بهِ –

وهو ما يعني، أنهُ يكفي أنْ يُؤمنَ بعيسىٰ طاائفةٌ أو فِرقةٌ أو جَماعةٌ منَ المُفكرينَ وأهلِ الإيمانِ من قباائلِ بني إسرائيلَ في فلسطينَ وفي بلادِ المشْرقِ.

- فيكونُ المعنىٰ (وإنْ طائفةً مِن أهلِ الكتابِ إلّا لِيُؤمِننّ بهِ (بعيسىٰ) قبلَ موتِ (عيسىٰ).

وما يُرَجِّحُ هذا التفسيرَ هو تكملةُ الآيةِ:

...وَيَوْمَ الْقِيَامَةِ يَكُونُ عَلَيْهِمْ شَهِيداً ١٥٩ النساء

(…and on the Day of Resurrection, he "Jesus" shall be a witness against them) AL-NISA 159

فتعني **عليهم شهيداً** (vitness for them) هنا الشهادةَ لِصالحِ أهلِ الكتابِ عندما كان رقيباً عليهم، وليسَ ضدَّهُم، حيثُ يُجيبُ يومَ القيامةِ:

. مَا قُلْتُ لَهُمْ إِلَّا مَا أَمَرْتَنِي بِهِ أَنِ اعْبُدُوا اللَّهَ رَبِّي وَرَبَّكُمْ ۚ وَكُنتُ عَلَيْهِمْ شَهِيداً مَّا دُمْتُ فِيهِمْ ۖ فَلَمَّا تَوَفَّيْتَنِي كُنتَ أَنتَ الرَّقِيبَ عَلَيْهِمْ ۚ وَأَنتَ عَلَىٰ كُلِّ شَيْءٍ شَهِيدٌ ١١٧ المائدة

(..I said nothing to them except that which Thou didst command me –Worship Allah, my Lord and you Lord." And I was a witness over them as long as I remained among them, but since Thou didst cause me to die, Thou has been the Watcher over them, and Thou art Witness over all things;) AL-MAIDAH 117

لا تتحدثُ الآيةُ عن أي فتراتٍ أخرىٰ، بلْ يـ شهدُ عليهم (يَ شهَدُ لـ صالحٍ نَ تَبعَهُ) وهو فيهم فقط، أمـا يومُ القيامةِ فيشـــهدُ ضدَّهُم (أنهم كاذبون فيما زعموا).

٣ – تفسيرٌ آخر، هو أنَّ أي فردٍ منْ أهلِ الكتابِ (قبلَ موته) يؤمنُ بصلبِ أو قتْلِ المسيحِ، فاليهودُ يؤمنونَ بموته علىٰ الصليبِ ليُثبتوا لعنتَهُ وكذبَهُ، والنصارىٰ يؤمنونَ بموته علىٰ الصليبِ ليُثبتوا تأليهَهُ وعقيدةَ الفداءِ والكفَّارةِ.

فيكونُ المسيحُ شهيداً عليهم (ضدَّهم) لا هم، لأنَّ إعتقادَهُم هذا مبنيٌ ﻋـلىٰ الظنِّ لا على اليقين.

٤ – وتفـسيرٌ آخر، هو أنَّ أي فردٍ منْ أهلِ الكتابِ سيؤمنُ بأنَّ الـمـسيحَ لمْ يُقتلْ يقيناً على الصـــليبِ – (بلْ إنَّهم لا يؤمنونَ أصـــلاً من أعماقهم بموتهِ على الصليبِ لأنَّ إعتقادهم مبنيٌ على الظنِّ والشكِّ)، وذلك قبلَ أنْ يؤمز – هذا الكتابِ – بحقيقةِ أنَّ الـمسيحَ قد ماتَ موتًا طبيعيٍ , بل إنَّ إعتقادَهم القلبي هو أنَّ الـمَسيحَ ما ماتَ على الـ صَّليبِ يقيناً, وليسَ في أيديهم بهذا الـ صَّددِ شَيءٌ إلا الشَّك.

وبذلك يكونُ تفـسيرُ القائلينَ بموتِ عيـسىٰ بعد نزوله من الـ سماءِ لهو باطلٌ بكلِّ الأوجهِ.. ومعلومٌ أنّهُ «إذا تَعدّدَ الإحتمالُ بطُلَ الإستِدلال» (من مقتبَسات العلّامة و ـ فكر الإسلامي طاهر أحمد في برنا ج "حوار مع العرب" ، ومن كتاب الفتوى للشيخ شلتوت).

سادساً/ حقيقة قتلِ وصلبِ عيسىٰ عليه السلام..

The fact of crucifying Jesus

(وَبِكُفْرِهِمْ وَقَوْلِهِمْ عَلَىٰ مَرْيَمَ بُهْتَانًا عَظِيمًا ، وقَوْلِهِمْ إِنَّا قَلْنَا الْمَسِيحَ عِيسَى ابْنَ مَرْيَمَ رَسُولَ اللَّهِ وَمَا قَتَلُوهُ وَمَا صَلَبُوهُ ولَكِن شُبِّهَ لَهُمْ ۚ وَإِنَّ الَّذِينَ اخْتَلَفُوا فِيهِ لَفِي شَكٍّ مِّنْهُ ۚ مَا لَهُم بِهِ مِنْ عِلْمٍ إِلَّا اتِّبَاعَ لَظَنِّ ۚ وَمَا قَتَلُوهُ يَقِينًا،بَل رَّفَعَهُ اللَّهُ إِلَيْهِ ۚ وَكَانَ اللَّهُ عَزِيزًا حَكِيمًا) النسا ٥٦ ١٥٨

(And for their disbelief and for their uttering against Mary a grievous calumny, And for their saying, "We did slay the Messiah, Jesus, son of Mary, the Messenger of Allah; whereas they slew him not, nor did they bring about his death on the cross, but he was made to appear to them like one crucified; and those who differ therein are certainly in a state of doubt about it; they have no certain knowledge thereof, but only pursue a conjecture; and they did not arrive at a certainty concerning it. On the contrary, Allah exalted him to Himself. And Allah is Mighty, Wise.) AL-NISA 156-158

۱/ لقد تحقّقَ نبأُ آيةِ آلِ عمرانَ في سورةِ النساءِ حيثُ تقولُ الآيةُ بأنَّ اليهودَ إدّعوا بأنّهم قتلوا المسيحَ صلبًا، ولكن ما قتلوهُ وما صلَبُوهُ ولكن خُيِّلَ إِلِيهِم أنَّهُم قتلوهُ مصلوباً ،و لم يتسنَّ لهم التأكّدَ من موتِه حقيقةٍ علىٰ الصَّلِيبِ، فهو لم يُقْتَلْ بأيةٍ وسِيلةٍ ولمْ يُقْتَلْ كذلكَ بوسِيلةِ الـ صَلبِ؛و أنقذَهُ اللهُ وفقاً لما جاءَ

في آيةِ آل عمران، ثُمّ توفّاهُ اللهُ بعدَ عُمرٍ طويلٍ بعدَ تحقيقٍ وجاهةٍ ورِفْعةٍ في الدُّنيا (.. وَجيهاً في الدنيا والآخرةِ ومِنَ المُقَرَّبِين) آل عمران46 .

(..honoured in this world and in the next, and of those who are granted nearness to God.)AL-IMRAN46

وتحقّقت باقي الأنباء المتعلّقةِ بِغَلَبَةِ أتْباعِهِ على اليهودِ.

٢/ سبَبُ ذِكْرِ الصَلبِ:   **Why was crucifixion mentioned ?**

- كانت وسيلةُ الصلبِ هيَ إحدى وسائلِ القتلِ عند الدولةِ الرومانيةِ التي كانت أورشليمُ خاضعةً لسيطرتها تحتَ الحُكمِ العسكري لبيلاطيس، وكان الجنودُ الرومانُ هم مَن يُنَفِّذونَ الأحكامَ على شعبِ اليهودِ.

بـ – كانُ قَتْلُ اليهودِ لعيسى عليه السلام هو الهدفُ الأوّلُ للتَخلُّصِ منا، ثُمَّ إنَّ مُحاولةَ قَتْلِه صَلْباً هو الهدفُ الثاني لِيُظهِروا أمامَ الشعبِ أنَّهُ ملَعونٌ من يُقْتَلُ على خَشبةٍ لإدِّعائِه النبوةِ تحقيقاً لما وردَ عندَهم في سفرِ التثنية بالتوراةِ.

فلم يستطعْ اليهودُ قتلَهُ عمومَ، وكذلكَ لم يُقْتَلْ مصلوباً (وهو مُعلَّقٌ على الصليبِ) وشُبِّهَ لهُم وخُيِّلَ إليهم أنَّهُ مات وهو على الصليبِ معلَّقاً

جـ – فيذكُرُ القرآنُ العامَ أولاً ثُمَّ الخاصَّ لأهميته:

- (.. وما قَتَلوهُ وما صَلَبوهُ ولكِنْ شُبِّهَ لهُ ...) النساء158

47

(..they slew him not, nor did they bring about his death on the cross, but he was made to appear to them like one crucified..)AL-NISA158

– (حافِظوا على الصَّلَواتِ و الصَّلاةِ الوُسْطىٰ وقُومُوا للهِ قانتينَ)

البقرة!39 .

(Watch over Prayers, and particularly he middle Prayer, and stand before Allah submissively.)AL-BAQARAH239

– (قَالوا أَتَجعلُ فِيها مَنْ يُفْسِدُ فِيها ويَسفِكُ الدِّماءَ) البقرة!1 .

(..they said, 'Wilt Thou place therein such as will cause disorder in it, and shed blood?...)AL-BAQARAH31

– (تَنزَّلُ الملائِكَةُ والرُّوحُ فيها بِإِذْنِ ربِّهِم مِنْ كُلِّ أمرٍ) القدر.ز .

(Therein descend angels and the Spirit by the command of their Lord with Divine decree concerning every matter.)AL-QADR5

سابعاً/ معنىٰ الصلبِ في الآي .....

Meaning of crucifixion in the verse

(Hanging on the cross differs from killing on the cross)

The difference between hanging on a cross and killing on the cross is like the difference between diving in the water and dying drowning in the water

- **الصَّلْبُ** Crucifixion : كما وردَ في(لسانِ العربِ للإمامِ ابن منظور) هي القِتْلَةُ المعروفةُ.

- وفي مُفرداتِ (الراغب الأصفهاني) هي تَعليقُ الإنسانِ للقَتْل.

فإذا وُضِعَ شخصٌ علىٰ الصليبِ لقَتْلِه ولم يُقْتَل فيجوزُ أنْ يُقالَ عنهُ أنّه (لم يُصلَبْ أو وما صلَبُوهُ)، وكانتْ وسيلةُ الصليبِ هي إحدىٰ وسائلِ الرومانِ الأساسيةِ في القَتل.

- كذلكَ إذا وُضِعَ حبلُ المِشنَقَةِ حولَ رقَبَةِ شخصٍ لقَتْلِه شَنْقاً ولم يُشنَق/أي لم يُقْتَل فيجوزُ أنْ يُقالَ عنهُ (لم يُشنَق أو وما شَنقوهُ.

- وكذلك من كادَ أن يغرقَ تحتَ السماءِ ولمْ يمُتْ ،فيجوزُ أنْ يُقالَ عنهُ (لم يُغرَق أو وماشَنَقُوهُ)

٢ - يقولُ الإمام أحمد مُرتضىٰ: Hadrat Imam Ahmed

. ومَا قَتَلُوهُ ومَا صلَبُوهُ ولَكِن شُبِّهَ لَهُمْ... ومَا قَتَلُوهُ يقيناً) ‌ نساء158

(..whereas they slew him not, nor did they bring about his death on the cross, but he was made to appear to them like one crucified; and those who differ doubt about it; they have no certain knowledge thereof, but only pursue a conjecture; and they did not arrive at a certainty concerning it.)AL-NISA158

" أي الواقعَ أنّ اليهودَ لم يتمكّنوا من قتلِ المسيح، ولم يُهلِكُوه على الصليبِ، وإنّما إشْتبهَ الأمرُ عليهم، فظنّوا أنّه قد ماتَ علىٰ الصليبِ، ولكذّ م لا

يملِكون من الأدلّةِ والبراهينِ ما تُطمئِنُ به قلوبَهُم بأنّه ماتَ على الصليب يقيناً.

ولقد صرَّحَ اللهُ في هذهِ الآيةِ بأنَّ المسيحَ قد عُلِّقَ فعلاً على الصاب , وأُريد قتلُهُ دون شــكٍّ، ولكنّ اليهودَ والصارىٰ مُنخدِعون في ظنِّهم أنّهُ قد ماتَ على الصليبِ حقاً، إذْ الواقعُ أنّ اللهَ تعالىٰ قد هيّأ أسباباً أدّتْ إلى نجاتِهِ من الموتِ على الصليب "

(المسيح الناصري في الـ   ص ٣   esus in India ٥٤).

٣   المُفكّر الإسلامي أحمد ديدات: **Ahmed Deedat**

أورد ٠ ' دليلاً علىٰ أنّ عيســىٰ (يسوع) المسيح لمْ يُقتَل ولمْ يمُتْ على الصليبِ كما زعمَ المسيحيون واليهودُ ولكنّهُ كان حيّاً في ذاتِ الوقتِ الذي زعموا فيه موتَهُ وذلكَ مِن خلالِ ما وردَ بالأناجيلِ وتقريرِ العُلماء , ومنها:

- كانَ المسيحُ حريصاً على ڠدم الموتِ, وتضرّعَ إلى الله
- تَدُلُّ أقوالُ وتَصــرّفاتُ الحاكم العَسـكَري الروماني (بيلاطيس) Pilates على أنّهُ كان يودُّ أن يظلَّ عيســىٰ حيّاً, كما أنّ زوجتَهُ أوصتهُ ألا يَلحَقَ أذى بهذا الرجلِ البار حيثُ رأت رؤيا بذلك.
- خرج دمٌ و ماءٌ فور غزّهِ بالرمحِ وقت بقائهِ مُعلّقاً على الصليب ثلاث ســاعات, حدثَ رعدٌ وزلزالٌ وكُسوفُ شــمس, وإرتياب

اليهودِ في تحقيقِ مَوتِهِ على الصليبِ, وتقريرِ عُلماءَ ألمان أنّهُ كانَ لايزالُ حيًا.

- كانت المَقبرةُ حُجرةً فسيحةً مملوكةً لأحدِ أتباعِ المسيح, ظَلَّ فيها حيًّا ومنها خرجَ مُتنكّراً في زي بُستاني, وأكلَ الطعامِ بتِكرار.
- لَمّا سألهُ الناسُ عن مُعجِزَتِهِ, فردّ المسيحُ أنّ نُبؤتَهُ ستكونُ مثلَ مُعجِزةِ يونان النبي (يونس عليه السلام), فالتهمُهُ الحوتُ حيًا وظَلَّ في جوفهِ حيًا لِثلاثةِ أيامٍ وثلاثِ لَيال ولَفَظهُ خارجهُ حيًا بعدَ أن حَسبَهُ الناسُ أنّهُ مات, وكَذلك كانَ مع عيسى عليه السلام, حيثُ أُدخلَ حَيًا إلى المَقْبرةِ, وظلَّ بها حيًا لثلاثةِ أيامٍ وثلاثِ ليال من مساءِ الجُمعةِ, ليلةَ السبتِ حتى خرجَ حيًا فجرَ الأحد بعدَ أن حَسَبَهُ الناسُ أنهُ ماتَ على الصليب, وقدأشارَ إنجيل متّى ولوقا إلى ذلك:

جيلٌ شــريرٌ وفاســقٌ يَطلُبُ آية, ولاتُعطى لهُ آيةٌ إلا آيةَ يُنان النبي40 لأنه كما كانَ يُونان في بَطنِ الحُوت ثلاثةَ أيامٍ وثلاثَ ليال هكذا يَكُونُ ابنُ الإنســان في قلبِ الأرض ثَلاثَ أيّامٍ وثلاثَ ليال}متّى12:8 -40

كَما كانَ يُونان آيةً لأهلِ نَينَوى, كذلكَ يَكونُ ابنُ الإنسان أيضاً أيضاً لِهذا الجبل}لُوقا11:9 -30.

- كذلك هناك دلائلُ من أسفارِ التوراةِ تَدعَمُ عَدَمَ مَوتِهِ على الصليب فلمْ يرِد فيها مَوتهُ يَقيناً , كما تَمّ التأويلُ لما وردَ في مِزامير داود

أو نُبوءاتِ العهدِ القديم لحادثةِ الصـــلبِ كَسـفر المزامير2! (1 - 6)،4،(8- 2)،1،(2-), و سفر أ شعيا3(-), و سفر أرميا1 (8 -0!)

(كتاب حوار الأفكار في مـنهج ديدات و موجز المـُـعجزات، صـ ٨١ ،إـ داد/علي الجوهري، طبع ٢٠٠٧ دار التباشير للطباعة والنشر والتوزيع، القاهرة "مـسألة صلب المـسيح" المُـسمّىٰ Crucification or Crucifixion).

٤ ـ إعتقادُ كثيرٍ مِن المُسلمينَ كالنّصارىٰ بصعودِ عيسىٰ عليه السلام إلى السماء:

The Belief of "Jesus" Isa's raising to Heaven:

إنما هو أهم الركائزِ التي يعتَمِدُ عليها المسيحيون َ في تأليهِ وخُروجِهِ عن وجودِهِ البشري، وتجعلُ منهُ شخصيةً اسطوريةً أكثرَ منها حقيقةً، الأمرُ الذي يُضْعفُ حُجّةَ المُسلمين مِن رِجالِ الدين أمامَ الكَهنَة والقِسِّيسينَ، وتولّىٰ القرآنُ الدفاعَ عن شَخصهِ الكريمِ ووصفَهُ بالمقامِ المحمود كإنسانٍ يأخذُ مكانهُ بين َ الناسِ، فهو عبدٌ ورسولُ اللهِ إلى بني إسرائيل.

كتاب حقيقة وفاة المسيح عيسى عليه السلام..أ..م/ عطية بنداري ..The

(act of Jesus's death,"Atya Bendari"

د – كذلك النبيُّ محمدٌ قد تعرّضَ لأكثرَ من مُحاولةِ قتلٍ، فحاولَ المُشركُون قتْلَهُ بإلقاءِ حجارةٍ عليهِ في بني النضير أثناءَ تفاوضِه معهُم، ولكن اللهَ نجّاهُ من غدرِهِم، وتعرّضَ للقتلِ في غزوةِ أُحدٍ وأُشــيعَ "لقد قُتِلَ محمدٌ أو ماتَ محمدٌ" فالمحاولةُ كانت موءودةً وأُصــيبَ في هذه الغزوةِ، ولكنّ اللهَ قال (يَاأَيُّهَا الرَّسُولُ بَلِّغْ مَاأُنْزِلَ إِلَيكَ مِن رَبِّكَ وَإِنْ لَمْ تَفْعَلْ فَمَا بَلَّغتَ رِسَالَتَهُ وَاللهُ عِصِمُكَ مِنَ النَّاسِ إِنَّ اللهَ لَا يَهدِي القَومَ الكَافِرِيزَ) 8ذَ المائد .

(O Messenger! Convey to the people what has been revealed to thee from thy Lord; and if thou do it not, thou hast not conveyed His Message. And Allah will protect thee from men. Surely, Allah guides not the disbelieving people.)AL-MAIDA68

وتعني الآيةُ أنَّهُ يتعرّضُ للقتلِ ولكنّ اللهَ يعصِمُهُ، والانبياءُ هم الأكثرُ ابتلاءً.

ثامناً / قضيةُ شَبيهِ عيسىٰ تتنافىٰ مع آياتِ القرآن

The similar to Jesus contradicts the
verses of the Quran

١ – إنّ عيسىٰ عليه السلام عُلِّقَ علىٰ الصليبِ (أمامَ أعينِ أهلهِ وأعينِ قَتَلَتِه، وأكدَ علىٰ ذلك اليهودُ والنصارىٰ) ، ولكنهُ لمْ يمُتْ على الصليب ولذلك جاء لفظ (وما صلبوه)، وهو ما فهمهُ كثيرٌ من المُفسِّرين بشكلٍ خاطئٍ علىٰ أنهُ لم يُعلّقْ على الصليب.

– فالفرقُ بين التعليقِ والصلبِ كالفرقِ بين الغطسِ والغرقِ.

– .... لأُقَطِّعَنّ أيديَكُمْ وأرجُلكُم مِن خلافٍ ولأُصَلِّبنَّكُمْ أجمعين)
الشعراء50

(..I will most surely cut off your hands and your feet on account of your disobedience and I will most surely crucify you all.) AL-SHUARA50

– (لأقطِّعنَّ أيديكُمْ وأرجلَكُم مِن خلافٍ ثُمَّ لأُصَلِّبنَّكُم أجمعينَ)
الأعراف25 .

(Most surely will I cut off your hands and your feet on account of your disobedience. Then will I surely crucify you all together.)AL-ARAF125

‫ـ ... فلأقطّعنَّ أيدِكُمْ وأرجلكُم مِن خِلافٍ ولأُصلِّبِكُمْ في ﻪ ذوع النخْلِ) طه/2ﻪ .‬

(..I will therefore, surely cut off your hands and your feet on alternate sides, and I will surely crucify you on the trunks of palm trees; and you shall know which of us can impose severer and more abiding punishment.)TAHA72

‫ـ (إنَّمَا جَزَاءُ الَّذِينَ يُحَارِبُونَ اللَّهَ وَرَسُولَهُ وَيَسْعَوْنَ فِي الْأَرْضِ فَسَادًا ن يُقَتَّلُوا أَوْ يُصَلَّبُوا أَوْ تُقَطَّعَ أَيْدِيهِمْ وَأَرْجُلُهُم مِّنْ خِلافٍ أَوْ يُنفَوْا مِنَ الْأَرْضِ ۚ ذَلِكَ لَهُمْ خِزْيٌ فِي الدُّنْيَا ۖ وَلَهُمْ ي الْآخِرَةِ عَذَابٌ عَظِيمٌ) المـائـ 34 .‬

(The only reward of those, who wage war against Allah and His Messenger and strive to create disorder in the land, is that they be slain or crucified or their hands and feet be cut off on account of their enmity, or they be expelled from the land. That shall be a disgrace for them in this world, and in the hereafter they shall have a great punishment)AL-MAIDAH34

‫ـ (وأمَّا الآخَرُ فيُصلبُ فتَّأكُلُ الطيرُ مِنْ رأسِ ....) يوسف:2ﻪ .‬

55

(...and as for the other, he will be crucified so that the birds will eat from his head...) YUSUF 41

كما أنَّ الآية لا تتكلّمُ عن أي شخصٍ آخر خلاف المسيح عليه السلام.

‐ معنىٰ . ولكن شُبِّهَ لَهُ .) النساء185

The meaning of (..But he was made to appear to them like one crucified)

‐ الفعل (شُبِّهَ Shubbiha La-hum / Confused) مبنى للمجهول ممَّا يدُل على عدم تَدَخُّل أحدٍ من البشـــر في إحداثِه، بل الأمرُ مردُّهُ إلى الله تعالى، فإختلطَ الأمرُ على شهود هذه الواقعة هل ماتَ علىٰ الـ صليب أمْ لم يمتْ على الصليبِ؟

ولا ذِكرَ لِشخصٍ آخر في الآية حتىٰ يُسندَ الفعل (شُبِّه) إلى رجلٍ آخر غير عيسىٰ.

‐ (لَكِن) الإستدراكية للتوكيد،وتعطفُ ما قبلها على ما بعدها، فيكونُ ما عد (لكن) من جِنسٍ ما قبلهِ، وأنَّ الضميرَ المُستترَ في (شُبِّهَ) يعودُ ﻌ ى محاولةِ قتلهِ على الصليبِ .

ب ‐ وفي قولهِ تعالى (ومكروا ومكَرَ اللهُ واللهُ خيرُ الماكرين) آل عمرا ٥٤

(And Jesus's enemies planned and Allah also planned, and Allah is the Best Planners) AL IMRAN 54

فكيف يعتقدُ الذين يظنّونَ أنَّ اللهَ إنتزَعَهُ من بينِ أيدي اليهودِ بجسدِهِ إلى السماءِ أنهُ

(مَكرٌ plan ١) وهو شئٌ ليسَ في إستطاعتِهم أنْ يُقاوموهُ ؟

«فلا يَتَحَقَّقُ مَكرٌ في مُقابلِ مَكرٍ إلّا إذا كانَ جارياً على أُسلوبِهِ غ رَ خارجٍ عن العادةِ »

ج/ في المعاجم كالوسيط، ولِسان العرب :

- الشُّبهةُ تعني الإلتباسَ Confusion .. وإشْتَبَهَ عليه الشئ.

- و شُبِّهَ عليه أو لهُ أي لُبِسَ.

- إشتبهَ الأمرُ عليه أي إختلطَ.

- وإشْتبهَ في مسألةٍ أي شكَّ في صحتِها.

إذاً، فَ شُبِّهَ لهُم أي لُبِسَ لهم وإختلَطَ الأمرُ عليهم، أي خُيِّلَ لهم، رأوه ولكنّهم غيرُ متأكدين من موتِه.

- وعلى لسانِ قومِ موسى لما سألوه، يقولُ القرآنُ:

(قالوا ادعُ لنَا ربَّكَ يُبيِّنُ لنَا ما هِيَ إنَّ البقرَ تشَابَهَ علينَا) البقر ٧٠ .

(They said, Pray for us to thy Lord that He make plain to us what she is. For all such cows appear to us alike; and if Allah please, we shall indeed be guided aright) AL-BAQARAH 70

حيثُ إدّعىٰ القومُ أنَّهُم لا يعرفونَ البقرةَ المَطلوبةَ و أنَّ الأمرَ إلتبس عليهِم أو أنَّ مواصفاتِها غيرُ معروفةٍ لهُم بعدٍ ، رُغم معرفتِهم وصفَهٍ ، ؛ ذلكَ كان الأمرُ مُختَلِطاً علىٰ قوم عيسى عليه السلام في أمرِ موتهِ علىٰ الصليبِ إنْ كانَ ماتَ أم لم يمتْ عليهِ؟

د/ يقولُ الإمامُ والفَيسوفُ المُسلمُ الخُراسانيُ 149 – 209| "فَخر الدين الرازي"عن (ولَكنْ شُبّهَ لَهُمُ :

(أنْ يُقالَ أنَّ اللهَ تعالىٰ يُلقي شبَهَ إنسانٍ على آخر، فهذا يفتَحُ بابَ السفسطةِ،ويُفضي إلى القَدحِ في التوتر، فأولهُ سفْسطةٌ وآخرُهُ بطالٌ للنبوّاتِ بالكلية).

<h2>تاسعاً: الفهم الخاطئ لمعنى (وماصَلَبُوهُ They slew him not) :</h2>

إنَّ فَهمَ كثيرٍ مِنْ المُفَسِّرينَ لمعنىٰ (وما صَلبوهُ) بأنَّ عيسىٰ عليه السلام لمْ يُعْقْ علىٰ الصليبِ، جعلَهُم يَضطرون إلى التوغُلِ في اللامعقُوليةِ والإيانِ بنظريةِ الشَّبِيه الغير معقُولةِ، وما يؤكِّدُ ذلكَ هو :

١ – إنَّ واقعةَ الصَّـلبِ وقعتْ قبلَ الإسـلامِ بنحو ٠٠،سـنة تقريباً، ولم يشهدها إلا اليهود – المُتربّـصيز – و أهلُه و الذينَ نا صروه، وإتَّفقوا على أنَّ المُعلَّقَ هو عيسى إبن مريم بِذاته، و الآيةُ تؤكِّدُ على ذلكَ.

58

٢ - إنَّ أحداً مِنَ اليهود أو النَّصارىٰ أو النبي صلى الله عليه وسلم لمْ يُخْبِر المُفَسِّرينَ بأنَّ المُعَلَّقَ علىٰ الصيب هو شخصٌ آخر وليسَ المسيحَ.

٣ - إختلفَ المُفَسِّرونَ في من أُلْقِي عليه الشبَهُ إختلافاً كثيراً.. قال بعضُهم أنَّ الله ألقىٰ شبهَ عيسىٰ علىٰ يهودي، وقال البعضُ بأنَّ الله ألقىٰ الشبهَ علىٰ بعضِ أصــحابه فإختارَ الجنودُ واحداً مِن بينِهِم، وقالَ آخرون أنَّ الله القىٰ الشبهَ على حارس.

(راجع الجلالين، وإبن جرير الطبري وروح المعاني للألوسي وغيرهم).

٤ - لو أرادَ الله أنْ يُنجّيَ نبيَه برفعه جسداً فما مبرّرُ أنْ يُلقيَ شبَهَهُ علىٰ شخصٍ آخر؟ فهلْ كان هناكَ خوفٌ مِن أنْ يصعدَ خلفَهُ اليهودُ والجنودُ إلى السماءِ لِيقبِضوا عليه؟ وهلْ مِن سُنَّةِ الله أنْ يُلقِيَ شبهَ شخصٍ على شخصٍ آخر؟ فذلك من اللامعقُولية.

د - إذا إفْتَرَضنا أنَّ اليهودَ أماتوا الشهَ على الصليب (ولم يروا عيسىٰ صاعدا إلى السماءِ)، فبالتالي يكونونَ عند الله على الحقِّ في تكذيب المسيحِ، فبالتالي مَن صلبوهُ كان هو المسيحُ - حسب زعمِهِ - بالتالي حقّقوا كونَهُ ملعوناً كما جاءَ عندهُم في الكُتُب المُقَدَّسة.

- في ذات الوقت يرىٰ المُعتقِدون بنظَرية الشــبيه أنَّ المُعَلَّقَ هو دز قُتِل يقيناً، والقرآنُ يتكلَّم عن المُعَلَّقِ على الصليب أياً كان.

وهكذا يكونُ موقفُ اليهودِ صادقاً لمُدةِ سِتةِ قُرونٍ حتىٰ نزلَ القرآنُ ونزلتْ هذه الآية (ومَا قَتَلُوهُ يَقِيَناً .. *and they did not arrive at a certainty concerning it*) النسا ٥٨ .

١ – لو أخذنا بتفِ سيرِ الـ شيوخ عن نظريةِ الـ شَبيهِ المقتولِ على الـ صليبِ، فَجِيئَ بعُلماءِ اليهودِ يوم القيامةِ، فـ سألهمُ اللهُ: (لماذا كَذبتُم برِ سولي عيـ سىٰ إبن مريم؟) فيقولونَ:(تَبَيَّنَ لنَا أنَّهُ غيرُ صادق، فولادتُهُ غيرُ صحيحةٍ وكنَّا نَشُكُّ فيه، فتمدَّنا منهُ وقتلْناهُ صلْباً، و التوراةُ تقول إنَّ الذي يُـ تل على الخشبةِ يكونُ كذّاباً لا يَصلُحُ، فلو كان نبياً صادقاً ما مكّنَتنَا يالهُ مِن أن نَقتُلهُ صلبه؛ لذلك نحنُ فعلنا هذا).

فنظريةُ الـ شَّبيهِ البديل الذي قُتِلَ التي إبتدَعَها الـ شيوخِ عطي لليهودِ ذريعةً وتُبررُ موقِفهُم (فكيف يعرفُ اليهودُ أنَّ مَنْ عُلِّقَ على الصليب ليسَ عيسىٰ؟ فَنَظَريَةُ الشُيوخِ معوجَّةٌ.

– إنَّ إلقاءَ شَبَهِ نبيٍّ علىٰ خائنٍ يُشوِّهُ صورةَ هذا النَّبي.

– و كانَ سيعتَرضُ أنَّهُ ليس بعيسىٰ

١ – وإقاءُ الشَّبَهِ علىٰ حواري لِيُقتَلَ بدَلاً مِنْ عيسىٰ فهذا ليسَ عدلاً و يُسِيئُ إلى عيسىٰ بِتصويرِهِ جبَاناً يهرُبُ بينما هو دن أولي العزمِ مِنَ الرُّ ل.

٩ – وبشأن (المَكْرِ *lanning*) يقولُ اللهُ تعالى للنبي محمد: (وإذْ يمكُرُ بـ كَ الـ ذَينَ كَـاروا لِيُثْبِتوكَ أَوْ يَقْتُلُوكَ أو يُخرِجُوكَ و يَمكُرون ويَمكُرُ اللَّهُ واللَّ خيرُ الماكِرين) الانفال ١" .

(And remember when the disbelievers devised plans against thee that they might put thee in confinement or slay thee or expel thee. And they planned and Allah also planned, and Allah is the Best planners.)AL-ANFAL31

فلا يوصفُ بإنتزاعِهِ من بينِهِم ورفعِهِ بجَسده إلىٰ السماءِ مكرٌ – فهو أمرٌ ليسَ في مقدورِهِم منعا – ليكونَ مكْراً من عزيزٍ حكيم.

١٠ – (وجعلنا ابنَ مريَمَ وأمَّهُ آيةً وآويناهُما إلىٰ ربوَةٍ ذاتِ قررٍ و مَعينٍ) المؤمنون 1٠.

(And We made the son of Mary and his mother a Sign, and gave them shelter on an elevated land of green valleys and springs of running water) AL-MU'MINUN50

تُشيرُ الآيةُ إلى الإيواءِ – الذي يعكسُ النَّجاةَ من أمرٍ مُحدِقٍ – وهنا شيرُ إلىٰ النّجاةِ منَ الصّلْبِ.

– والآيةُ لاتَنطبقُ على وقتِ الولادةِ كما يقُولُ الكثيرُ من المُفَسِّرين، للأسبابِ الآتية:

أ/ الخطابُ مُوَجَّهٌ إلى شخصينِ معاً وليس للسيدةِ مريم عليها السلام وهي حاملةٌ لهُ.

ب/ الإيواءُ يتمُّ بعدَ التَّعَرُّضِ لأخطارٍ،ولذلكَ لا يَنطبقُ على حالةِ الوضعْ.

ج/ المكانُ يتَّسمُ بالإسْتقرارِ بينما بعدَ أن وضعَت رجعَت إلى قومِها تَحمِلُهُ.

عاشراً/ ضمير الغائب في الآيَ ٥٦   ٥٧   من سورة النساء

61

١ – .. وَإِنَّ الذينَ إخْتَلَفوا فيهِ.. and those who differ therein..)

158 لنساء

أصحابُ نظريةِ الشَبيهِ يقولونَ إنَّ ضميرَ الغائبِ المُضافَ إلى آخرِ حرفِ الجرِ (فيه) يعودُ على شخصِ المسيحِ، وهو غيرُ صحيحٍ بسبب:

أ/ الذينَ شــاهدوه يعرفوه ومعروفٌ ملامحُه لديهم، وذ،انَ من السَّــهلِ أنْ يـدألوهُ (إذا كانوا قد إختلفوا في شخصِه هو فعلاً)، و المـسيح لنْ يكذبَ إنْ سألوه.

إذاً، الضــميرُ يعودُ على موتِه أو عدمِ موتِه على الصــليبِ وهو سـببُ إختلافِهم.

ب/ الحرف (في) التعليل، فيكونُ المعنى " وإنَّ الذينَ إختلفوا لأجلِه".

– كقولِ اللهِ (قالتْ فذلكَ الذي لُمْتننِي فيه) يوسـف3،... أي الذي لُمْتننِي لأجلِ (About him) أو في حُبِّهِ لقولِه تعالىٰ على لـسانِ النِّسوةِ: ﴿د شَغَفَها حُبا.) يوسف1،، .

– (لفي شَكٍّ منْهُ) النساء58،، .

(And those who differ therein are certainly in a state of doubt about it) Al-NISA158

أ صحابُ نظريةِ الـشَبيهِ يقولونَ إنَّ الـ ضمير الغائبَ في (منْهُ) يعودُ على المسيح أيضاً، وهو غيرُ صحيحٍ بسبب :

أ/ (لفي) اللامُ للتوكيد و(في) ظرفيةٌ لحالةِ الشكِّ، و(منْهُ) منْ هنا التعليل أي (من أجلهِ)، فإذا كنتَ تشُكُّ في ماهيةِ الشخصِ تقولُ (أشُكُّ في هذا شخصٍ) ولا تقولُ (أشُكُّ من هذا الشخصِ)، فحا هم يدُلُّ على شكِّهِم في موتِهِ أو عدمِ موتِهِ على الصليبِ.

they have no certain knowledge ..مالهُم بهِ مِنْ عِلْمٍ) –

النساء 158) hereof

الضمير في (بهِ) ليسَ للمسيحِ، فهم يعرفُونهُ، ولكن الضمير يعودُ ـ ىٰ موتِهِ أو عدم موتِه.

– الكلامُ عن موتِ الإنسانِ هو مِن شأنِ اللهِ.

– عن الذين قالوا إتَّخَذَ اللهُ ولداً:

(مالهُم بهِ ه نْ عِلْمٍ ولا لِآبائِهِم)6 الكهف.

(..No knowledge have they thereof, nor had their fathers..)AL-KAHF6

(بهِ) أي بهذا القول ليسَ عندهم ولا عندَ آبائِهم دليلٌ علمي، وإنما هو كذبٌ او تقْليدٌ.

– (إلا إتِّباعَ الظَّنِّ.. ut only pursue a conjecture) 158 النساء

أي لا يوجدُ يقينٌ في مسألةِ قتلِه على الصليبِ، فقط (يظنُّونَ)، وهو لم يمُتْ حقيقةً على الصليبِ.

– وهذا يُ شبهُ وإنْ تُطع أكثَرَ منْ في الأرضِ يُ ضلُّوكَ عنْ سبيلِ اللهِ نْ يتَّبعونَ إلا ا ظنَّ و إنْ هُم إلَّا يَخرُصُونَ) الأنعام 17ۦۦ .

63

(And if thou obey most of those on earth, they will lead thee astray from Allah's way. They follow nothing but mere conjecture, and they do nothing but lie.)AL-ANAM117

أي ما يتَّبعونَ في دينِهم ومُجادلتِهم إلاّ الظن.

د – .. وما قَتَلُوهُ يقيناً)58١ النسا. .

(…and they did not arrive at a certainty concerning it.)AL-NISA158

يقول السيد أحمد ديدات في كتابِه (حوارُ الأفكار في منهجِ ديدات ومُوجِز المُنجزات) وملاحظات السيد/علي الجوهري، حولَ مسألةِ صلبِ المسيحِ في صفحةٍ ٢١٥:

" نَعتبِرُ أنَّ عدمَ الموتِ علىَ الصليبِ كافٍ تماماً لِنفي الصـلـبـ .

الحادي عشر/ تأكيد نفي الرفع بالجسد.....

Exalting was not by physical body

أ / (بلْ **رَفَعَهُ اللَّهُ إِلَيْهِ** وكَانَ اللَّهُ عَزِيزاً حَكِيماً)   ١٥ النساء.

(On the contrary, Allah exalted him to Himself. And Allah is Mighty, Wise)

AL-NISA 159

يَسْتَدِلُ كَثيرٌ مِنَ المُفَسِّرِين أنَّ ارفْعَ بالجَسَدِ إلىٰ السماءِ بِذه الآيةِ ثُمَّ (وما قَتَلُوهُ يَقيناً They did not arrive at a certainty concerning) وهو أمرٌ خاطئ بِسببٍ :

١ – إنَّ اللهَ تَعالىٰ مُنَزَّهٌ عن المَكانِ والزمَانِ وهو كُلِّ شــــئٍ مُحيطٌ، لا تُحيطُ بهِ لِجهاتٌ، فلا يجوزُ القولَ بأنَّ عيسىٰ قد صعدَ إلى السماءِ عندَ الله – فهذهِ عقيدةُ الذ صارىٰ الذين جعلوا منهُ إلهاً بعد أكثرِ من ٠٠' سنة على وفاز - .

– (اللَّهُ نُورُ السمٰواتِ وَ الأرضِ .) 36 الذ ر

(Allah is the Light of the heavens and the earth..)AL-NUR36

– (وَهُوَ اللهُ في السَّمٰوات وَ في الأرضِ يَعلَمُ سِرّكُمْ وَ جَهرَكُمْ ويعلَمُ ما تَكْسِبُونَ) 4 الانعا.

(And he is Allah, the God, both in the heavens and in the earth. He knows what you disclose and your secrets. And He knows what you earn.) AL-ANAM4

– (وَهوَ الذي في السَّماءِ إلٰهٌ وَ في الأرضِ إلٰهٌ وهو الَحكيمُ العَليمُ) 85 الزخرف.

(He it is who is God in heaven, and God on earth; and He is the Wise, the All-Knowing.)AL-ZUKHRUF85

فالرفعُ هو رفعُ الدرجةِ والمَنْزِلَةِ.

٢ – ليسَ هناكَ ما يدلُّ :لى صُعُودِ عيسى إلى السَّماءِ حيًّا بجسَدِه العُنصُري في اللفظِ (ورافِعُكَ إليَّ) و(بلْ رفعَهُ اللهُ إليِه) وهو دعاءٌ على كِتابِ اللهِ، فالإنسانُ الصالحُ يُرفَعُ إلى اللهِ روحدًأ، فاللهُ ليس ي حيزٍ مكاني حتىٰ تُرفَعَ إليهِ الأجسادُ الماديةُ، فهل اللهُ مقَرَّهُ في السماءِ الثانيةِ فقط حيثُ روحُ يَحيىٰ وعيسىٰ عليهما السلام.؟؟

– يقولُ إبراهيمُ عليهِ السلامُ في القرآنَ :

(فآمَنَ لَهُ لُوطٌ وقَالَ إنِّي مُ**هاجِرٌ** إلىٰ ربِّي إلهُ هُو العَزيزُ الحَكيِ ٰ 27 العنكبوت.

(And Lot believed in him, and Abraham said, 'I flee unto my Lord; surely, He is the Mighty, the Wise.)AL-ANKABUT27

وقال إنِّي **ذَاهِبٌ** إلىٰ ربِّي سَيَهدينِ ١٠٠ الصافات.

(And he said, 'I am going to my Lord. He will, surely, AL-SAFFAT100 guide me.)

٣ – ورد َالنصُّ بِرفْعِ عيسىٰ رُغْمَ أنَّ روحَهُ سَترُفعُ بطبيعة الحالِ كريماً لِمكانته بعدَ التحدِّي الذي واجهَهُ من اليهودِ، فذكَرَ اللهُ نجاتَهُ ثمَّ مكانته لتي إسْتَلزَمَتْ رفْعَ روحه بعكسِ اللعنةِ التي عمِلَ اليهودُ علىٰ إصابتِه بها عندما أرادوا قَتلَهُ مَصلوباً تحقيقاً لِسفرِ التثنية ٢١ في التوراة.

٤ – آيةُ التَّوفِّي في سورةِ آل عمران هي وعدٌ من اللهِ وإفشالِ مَكْرِ اليهودِ، فذكَرتْ الآيةُ (الوفاة) و(الرفْعَ) و التطهير) من الذين كفروا، بينما في آيةِ سورةِ النساء تمَّ تفصيلُ عملية المَكْرِ.

د – جاءَ وعدُ اللهِ بأنَّهُ سـيرفعُهُ بعدَ فشَــلِ المَكْرِ بعد الوفاة لا محالة في (ورافعُكَ إليَّ ٥٥ آل عمران على وزن (فاعل) أي سيحدثُ بلاشك.

ثمَّ ذكرَ في صيغةِ الماضي (بل **رفعَهُ** اللهُ إليه) في سورةِ النساء، أي أن اللهَ حقَّقَ الوعدَ.

١ – الرفعُ في القرآن بِمعنىٰ رفعِ المكانةِ :

– (في بُيوتٍ أَذِنَ اللهُ أنْ **تُرفَعَ** ويُذْكَرَ فيها اسمُهُ يُسبِّحُ لَهُ فيها الغُدُوّ والآصَالِ) 37 النور

(This light illumines houses with regard to which Allah has ordained that they be <u>exalted</u> and that His name be remembered in them. Therein do glorify Him in the mornings and the evenings.)AL-NUR37

– (اوتِلكَ حُجَّتُنا آتيناهاآإبراهيمَ عَلَى قَومِهِ <u>ارفعُ درَجاتٍ مَّنْ شَـــاءُ</u> إنَّ ربَّكَ حكيمٌ عليٍ) الانعام84

(And this is Our argument which We gave to Abraham against his people. We <u>exalt</u> <u>in</u> <u>degrees</u> of rank whom so We please. Thy Lord is indeed Wise, All-Knowing.)AL-ANAM84

– (اورَفَعنا لكَ ذِكركَ) 5 الشَّرح

(And We have <u>exalted</u> thy name.)AL-INSHRAH/AL-SHARH5

– (اورَفَعناهُ مَكاناً عَليّاً) 58 مريم

(And We exalted him to a lofty station.)MARYAM58

- (يَاأَيُّهَا الَّذِينَ آمَنُوا إِذَا قِيلَ لَكُمْ تَفَسَّحُوا فِي المَجَالِسِ فَافْسَحُوا يَفْسَحِ اللهُ لَكُمْ وَإِذَا قِيلَ انْشُزُوا فَانْشُزُوا <u>رفعِ الله</u> الذينَ آمنوا مِنكُم والذين أُوتوا العلمَ دَرَجاتٍ وَاللهُ بِمَا تَعمَلُونَ خَبِيرٌ) 12 المجادلة.

(O ye who believe! When it is said to you, 'Make room in your assemblies,' then do make room; Allah will make ample room for you. And when it is said, 'Rise up' then rise up; Allah will <u>raise</u> those who believe from among you, and those whom knowledge is given, to degrees of rank. And Allah is Well-Aware of what you do.

- وحديث (إذا تواضعَ العبدُ رفعَهُ اللهُ إلى السماءِ السابعةِ).

وبالتالي يكون (وارفعكَ إليَّ) و(بلْ رفعَهُ اللهُ اليهِ) كالتعبيرِ في قولهِ لحقَّ فُلانٍ بالرفيقِ الأعلىٰ ، و(إنَّ اللهَ مَـنا) ٤٠ التوبة، و(عندَ مَلِيكٍ مُقتدرٍ) ٥٥ القمر، و(ففرُّوا إِلَىٰ اللهِ) ٥١ الذارِيات، و(ارجعي إِلَىٰ ربِّكِ راضية مرضيةً) ٢٨ الفجر، ويقولُ الصابرون في المُصيبة (إنَّا لله وإنّا إليه راجعونَ) ١٥٧ البقرة، والكلُّ يُفيدُ الرعاية في الذَنفِ المُقَدَّسِ.

٧ - الامواتُ هم أحياءٌ عند ربِّهم بالروحِ فقط دون الجسدِ الدنيوي

The dead are alive with Allah without the physical body

(ولا تَحْسَبَنَّ الذينَ قُتِلوا في سبيلِ اللهِ أمواتاً بلْ أحياءٌ عندَ ربِّهم يُرزقُونَ، فَرِحينَ بِما آتاهُم اللهُ مِن فَضلِهِ ويستَبْشِرونَ بالذينَ لمْ يَلحقوا بِهمْ مِنْ خَلفِهم ألّا خوفٌ عليهمْ ولا هُم يَحزنونَ) ٦٩   ١٧٠ آل عمران.

فج سمُ الـ شهيدِ وٰراهُ اتراب، بالرغمِ مِنْ أنَّهُ حيَ، وبالتالي فإنّ (عند ربِّه) ليست العنديةَ المكانية

و يُرزقُونَ) ليسَ الرزقَ المادي، والمقصودُ هو تكريمُ الروح بِقُربِها مِنَ اللهِ مكانةً، وبإستمتاعِها باللذائذِ إستمتاعاً روحياً.

(مِن مراجع الشيخ محمود شلتوت، و دكتور أحمد شلبي).

ب – (بلْ رفعَهُ اللهُ إليِ ..) On the contrary, Allah exalted him to

Himself (النساء159

إنَّ (بل) للإنتقالِ مِن مَعنىٰ أو غَرَضٍ إلى آخر، كقولِهِ تعالىٰ ﴿ قد أفْلَحَ مَنْ تَزَكّىٰ، وذَكَرَ اسـمَ ربِّهِ فصـلّىٰ، بلْ تُؤثِرونَ الحيَاةَ الدنُيا، والآخِرةُ ذَيرٌ وأبْقىٰ﴾ ٤   ١٧ الأعلى.

(بل) لا تقعُ في القرآن إلا علىٰ هذا الوجه

(كتاب: الإتقان في علوم القرآن، الإمام السيوطي، ص ٢١، طبع ٢٠٠٣ ،دار الكتب العلمية، بيروت)، وليس كما جاء في ردّ اللجنةِ(فتوى رقم ٢ ص ١٩).

ج - وكانَ اللهُ عزيزاً حَكِيماً ..And Allah is Mighty, Wise) ١٥٩ النساء

أي أنهُ تعالىٰ صاحبُ العزّةِ القوي، فقد نجا عيسىٰ بحمايةِ العزيزِ، والنَّجاةُ كانت بِحِكمةٍ وليس بالرَّفعِ (الذي هو شئٌ لا يستطيعُ أعداءُ عيسىٰ مَنْدَه) ، كَنجاةِ النبي محمد في الدَّارِ والغارِ و المَسارِ عندَ الهجرةِ.

«فلا يَتَحَقَّقُ مَكْرٌ في مُقابلِ مَكْرٍ إلّا إذا كانَ جارياً علىٰ أُسلُوبِهِ غيرَ خارجٍ عن العادةِ ».

الثاني عشر/ معنى النزول وعن أحاديث النزول

(AI-NOZOOL) means coming down, Appearing, happening or giving

١ – اللغةُ العربي لا تجعلُ الرفْعَ ضرورةً للنُّزُولِ.

كمن يقولُ :(نَزَلْتُ ضيفاً على فُلانٍ) لا تعني أنّي كُنتُ مُرتفعاً ونزَلْتُ.

– كلمةُ (أَنزَ – ونزَلَ) في القرآن لا تعني بالـ ضّرورةِ النّزولِ من إرتفاعٍ،

فمعناها قد يكونُ (جعَلَ، منحَ، أعطىٰ ،وقعَ، قَدَّرَ) كقولهِ تعالى :

القَدْ أرسـلْنَا رسُـلَنَا بالبيِّنَاتِ وأنزَلْنَا معَهُم الكِتَابَ والميزَانَ يقُوم النَّاسُ باِ قِسْطِ وأَنْزَلْنَا الحديدَ فيهِ بأسٌ شَديدٌ و منَافِعُ للنَّاس وليَـلَمَ اللهُ مَن ينَّصُرُهُ و رُسُلَهُ بِالغَيبِ إنَّ اللهَ قويٌّ عزيزٌ الحد د26

(Verily, We sent Our Messengers with manifest Signs and <u>sent down with them</u> the Book and the Balance that people may act with justice; and <u>We sent down iron,</u> wherein is material for violent warfare and diverse uses for mankind, and that Allah may know those who help Him and His Messengers without having seen Him. Surely, Allah is Powerful, Mighty.)AL-HADIA26

أي، جعَلنا في الحديدِ قُوَّةً وبأساً.

(... و أَنْزَلَ لَكُمْ دنَ الأنعَامِ ثَمانية أزواٍ ...) 7 الزمر

(..and He has <u>sent down</u> for you of the cattle eight pairs..)AL-ZUMAR7

أي، مَنَحَكُم وأعطاكُم.

(فإذا **نَزَلَ** بساحَتِهِم اساءَ صَبَاحُ المُنْذَرِينَ) الصَّافات78ا . أي، وقَعَ.

(But when it __descends__ into their courtyard, it shall be an evil morning for those who were warned.)AL-SAFFAT178

اَفإذا اسْتَوَيْتَ أنتَ وَ مَنْ مَعَكَ عَلَى الفُلْكِ فَقُلِ الحمْدُ للّهِ الّذِي نَجَّا ا مِنَ القومِ الظَّالِمِينَ, وقُلْ رَبِّ **أنْزِلني مُنْزَلاً** مُبَاركاا وَ أنتَ خيرُ المُنْزِلِين) 30- 9 المؤمنون ، أي، قَدِّرْ لِي مَكانًا طيبًا.

('And when thou art settled in the Ark—thou and those that are with thee—say, 'All praise belongs to Allah Who has saved us from the unjust people .'And when thou dost disembark from the Ark say, My Lord, __cause me to land a blessed landing__, for Thou art the Best of those who bring people to land.)

٢ - وأحاديثُ الرسولِ محمد صلى الله عليه وسلم في صحيحِ البخاري وسُننِ ابن ماجة عن وفاةِ عيسىٰ وضلالِ النّصارىٰ ثُمّ عن نُزُولِ عيسىٰ آخرِ الزمانِ فيقتُلُ الدّجّالَ

كحديث:

- {والذي نَفْسي بيدهِ ليوشكَنَّ أنْ ينْزِلَ فيكُم ابن مريمُ حاكماً عادلاً مُقسِطاً،..} مِن صحيح مسلم.

فالنزولُ هنا بِمعنىٰ المجيِء؛ وهو ما عني مجيئُ مَثيلٍ لعيسىٰ مِن الأمةِ المُحمّدية وليسَ المسيحَ الناصري الذي جاءَ لبنى إسرائيل ، وهو إمامٌ

ومهْديٌّ وفقاً لحديثِ النبي ﷺ: {.. ولا مَهدي إلّا عيسىٰ ابن مَريم} سُنن ابن ماجة والمُستدركَ.

– والحديث {المهدي مِنَّا آل البيت، يُصلحُهُ الله في يلة}.

رواهُ أحمد بن حنبل، وابن ماجةَ، والعقيلي، وابن عُدي، وصحّحهُ الالباني.

ومجيئ عيسىٰ ابن مريم هو مجيئٌ روحانيٌّ مَثيلٌ للمسيح الناصري، كنزُولِ

– مَجيئ – إيليا (إلياس) في صورةِ يوحنا المعمداني (يحيىٰ ابن زكريا)، فيكونُ المسيحُ ابن مريمَ هو صفةٌ لشخصٍ الموعودِ من الأمةِ الإسلاميِ .

٣ - وعن نُزولِهِ (مَجيئهِ) لِيكْسِرَ الصَّليبَ:

The meaning of his appearance for breaking the cross

فهو إستعارةٌ، دلالةً علىٰ قَمعِ فِتَنِ القَساوسة، وكسرِ فِكرةِ الفداء على الصليبِ، وإبطالِ عقيدةِ تأليهِ المسيح ابن مريم وحياتِهِ الجسدية في السماء بقوةِ البراهين.

٤ - وعن نُزولهِ (مَجيئهِ) ليقتُلَ الخنزير:

The meaning of his appearance for killing the Pig

وذلكَ كنايةٌ عن لذجاحٍ في مقاومةِ الأمدِ – المجتمعاد – ذات الإنهيارِ الأخلاقي، الفاسدةِ الأطوار، وإستئصالِ خِسَّتِها التي شابهت أزماناً غابرةً من الفُحش والمجون.

٥ - حديثُ صحيح البخاري :

{ كيفَ أنتُم إذا نَزَلَ إبنُ مريم فيكُم، وإمَامُكُم مِنكُم}.

فالخطابُ (مِنكُ) موجَّهٌ إلىٰ أفرادِ الأمةِ الإسلاميةِ الذينَ سيأتونَ منذُ زمنِ النبي محمدٍ إلىٰ نهايةِ الزمنِ (بإعتبارِ أنَّ الرسالة المُحمّدية هيَ آخرُ الرسالاتِ).

وجاء في (إذا نَزَلَ ابن مريمَ فيك) أي، سيُبعثُ إمامٌ من المُسلمين أنفُسِهم حاملاً صفاتَ ابن مريم ، وهنا (ابن مريم) تكونُ إستعارةً، فنزول ابن مريمَ اي، مجيىئُ رجلٍ تُشبهُ أخلاقهُ أخلاق ومبادئ عيسىٰ ابن مريم بِغرَضِ إصلاحِ أمَّةِ الإسلام في زمنٍ بات و صفُها كما قال عنها النبيُ محمد :{ لتَتَّبعُنَّ سُننَ مَنْ قبلكُم حذو النعلِ بالنعل – وفي روٍ : - ثـ براً بشبر وذراعاً

75

بذراعٍ، حتىٰ لو سَلكوا جُحرَ ضَبٍّ لَ سَلَكتُموه، قُلنا يا رَ سول الله : اليهود والنَّصارىٰ؟ قالَ: فمن؟}.

٦ - اللّهُ تعالىٰ يقول:

(وَإِنَّهُ لَعِلْمٌ لِّلسَّاعَةِ فَلَا تَمْتَرُنَّ بِهَا وَاتَّبِعُونِ ۚ هَٰذَا صِرَاطٌ مُّسْتَقِيمٌ) ٦ الزخرف

(But, verily, he was a sign of the Hour. So entertain no doubt about it, but follow me. This is the right path.) AL-ZUKHRUF61

لا تدلُ هذهِ الآيةِ علىٰ حياةِ عيسىٰ ونزولهِ مِنَ السماءِ في آخرِ الزمانِ كما يعتقدُهُ البعضُ، للآتي:

أ / الضميرُ في (وإنّ) قد يعودُ إلىٰ عيسىٰ أو قد يعودُ إلىٰ القرآن، فمثلاً:

(وَإِنَّهُ في أُمّ الكِتٰبِ دينا لَعَلِيٌّ حَكِيمٌ) 5 الزخـ ف

(And, surely, it is safe with Us in the Mother of the Book, exalted and full of wisdom.)AL-ZUKHRUF5

(وَإِنَّهُ لَذِكْرٌ لَكَ ولَقَومِكَ وسَوفَ تُسئَلُونَ) الزخرف.

(And truly, this Quran is a source of eminence for thee and for thy people; and you will, surely, be questioned.)AL-ZUKHRUF45

فالدليلُ هذا هو ظنِّيُ الدلالةِ، فإذا تَعدَّد الإحتمالُ بطُلَ الإستدلالُ.

ب / إذا كان الضميرُ في «وَإِنَّهُ لَعِلْمٌ لِلسَّاعةِ» he was a sign of the Hour) يعودُ على **المسيحِ**، فإنَّ الحديثَ عن بِعثتِه في بني إسرائيلَ وليسَ في بعثةٍ أخرى مُستقبليةٍ، فهو ذاته عِلمٌ للساعةِ في وقتِه هو؛ فلمْ يقُلْ (وإنه سيكونُ علماً للساعةِ).

و لايصِحُّ مُخاطبةَ الكُفّارِ :(فَلا تَمْتَرُنَّ بها واتَّبِعونِ هذا صراطٌ مُستقيمٌ) عىٰ أمرٍ لم يحدُث بعدُ؟؟

– فالمسيحُ آيةٌ في عصرِه ولقومِه على وجودِ القيامةِ كونُه وُلِدَ دون أبٍ، إذْ أنبأهُمُ اللهُ علىٰ لسانِ بعضِ أنبيائه أنَّ إبناً منهم يولدُ دون أبٍ كدليلٍ علىٰ وجودِ القيامةِ، فأشارَ :(وَإِنهُ لعِلمٌ للساعةِ) كما في :(ولِنَجعلَهُ آيةً للنّاسِ) ١' مريم.

ج /أنَّ المسيحَ كانَ علمًا لساعةِ إنقطاعِ النبوةِ مِنْ بني إسرائيلَ – واللهُ هنا يُخاطِبُ اليهودَ المُعاصرينَ لنزولِ القرآنِ – حيثُ زِعَتِ النبوةُ مِن نِي إسحٰقَ إلىٰ بني إسماعيلَ ولذلكَ قال المسيحُ:

(لذلكَ أقولُ لكُم: أنَّ ملكوتَ اللهِ يُنزَعُ مِنكَ ويُعطىٰ لأمةٍ تَعملُ أثمارَهُ؛ ومن سقطَ علىٰ هذا الحجرِ يترضَّض، ومَن سقطَ هو عليه يسحقُهُ) متَّ ٢١:٣ – ٤:.

- فالساعةُ لها معانٍ كما ورد في المفردات للأصفهاني كالوقتِ وزمنِ حدوثِ حدثٍ؛ ومنها ساعةُ إنقطاعِ النبوةِ عن بني إسرائيلَ.

ولادةُ عيسىٰ بدون أبٍ هي علامةٌ او آيةٌ لساعةٍ – زمنٍ ومرحلةٍ – إنقطاع النبوةِ من بنى إسحٰقَ وإسرائيلَ وإنتقالها إلىٰ بني إسماعيلَ.

- وكذلكَ كان المسيحُ علاوةً علىٰ ساعةِ عذابِ اليهودِ الذين كذّبوا عيسىٰ مِن تيطَس الرومي وبالطاعونِ الذي تفشّىٰ فيهم.

- (فلا تَمْتَرُنَّ بِه .. *So entertain no doubt about it*) أي لا تَشُكُّوا في الساعةِ – بإنقطاعِ النبويةِ السابقةِ وما وقع بعدها من أحداث فهو د قٌّ.

- (واتّبِعونِ هذا صراطٌ مُستقيٌ) أي إتبعوا رسولي

محمداً *Mohammed*) وهذا دليلٌ واضح لتأكيد معنىٰ الساعةِ وكونِ عيسىٰ هو عِلمٌ (آيةٌ/دليلٌ) لها.. اي آخر نبي في السلسلةِ الموسويةِ لبنى إسرائيلَ، وقد أنذرهُم بإنتزاعِ ملكوتِ اللهِ من أيديهم وإنقضاءِ أجلِ أُمّتِه، لا رجعةَ لما نفذ.

د / يقولُ تعالىٰ :(إِنْ هُوَ إِلَّا عَبْدٌ أَنْعَمْنَا عَلَيْهِ وَجَعَلْنَاهُ مَثَلًا لِّبَنِي إِسْرَائِيلَ) ٥٩ الزخرف

(He was only Our servant, on whom We bestowed Our favour, and We made him an example for the Children of Israel) AL-ZUKHRUF 59

وهي قبلها بآيتين.. أي جعلنا عيسىٰ مثلاً – قدوةً وحُجّاً – لبنى إسرائيل وليسَ للأمّةِ المحمّديةِ، فكانَ لهم عِلمٌ – علامةٌ/دليلاً/إنذار – لإنقضاء أجلهِم حيثُ قالَ اللهُ :

(قُلْ لَا أَمْلِكُ لِنَفْسِي ضَرًّا وَلَا نَفْعًا إِلَّا مَا شَاءَ اللهُ لِكُلِّ أُمَّةٍ أَجَلٌ ۚ إِذَا جَاءَ أَجَلُهُمْ فَلَا يَسْتَأْخِرُونَ سَاعَةً ۖ وَلَا يَسْتَقْدِمُونَ) يونس.

(Say, 'I have no power over any harm or benefit for myself save that which Allah wills. For every people there is <u>an appointed term</u>. When their term is come, they cannot remain behind a single moment, nor can they get ahead of it'.) YUNUS 50

فبعثتُهُ هو ذاتا – وبدونِ أبٍ – إنذارٌ بأنَّ النبوّةَ راحلةٌ من بنى إسرائيلَ.

وإذا كان هو آخرُ رُسُلِ بني إسرائيل، فكيفَ للمفسرين القولَ بأنه سَبعثُ لإصلاح أمةِ خاتم الأنبياء محمد، ويُصبح رسولاً للمسلمين ويقتلُ الأعرر الدجال وأنهُ سيتعلمُ شرعَ الاسلام من الله، لا من المشايخ الفاسدين رغم قولهم أنه لا وحي بعدَ النبي محمد , ثم يقولون أه عندما ينزل سيكونُ مسلوبَ النبوة بينما يؤمنون بأن المهدي سيكونُ إماماً حاكماً، فهي تناقضاتٌ وقع فيها المُفسرون فتخبطت بهم الأفكار وتقطعت بهم السبل.

٧ – اللهُ تعالىٰ يقولُ:

(وَ يُكَلِّمُ النَّاسَ في المهْدِ وَ كَهْلاً وَ مِنَ الصَّالحينَ) ٤٦ آل عمران.

(And he shall speak to the people in the cradle and when of middle age, and he shall be of the righteous.) AL IMRAN 46

قولُ المُفَسِّرينَ بأنَّ عيسىٰ سينزلُ من السماءِ ثُمَّ سيُكَلِّمُ الناسَ عندها يَكُونُ كَهْلاً هو قولٌ باطلٌ، للآتي:

أ / معنىٰ (كَهْلاً) : (Kahl / One of middle age

* الرأيُ بعدمِ إستِعمالِ لفظِ كهلٍ في حقِّ ابنِ ٣٣) سنةً هو باطلٌ من حيثُ اللغةِ، لأنَّ الكَهْلَ في اللغة هو من كانَ عُمرهُ بينْ ٤٠ ٥٠) سـنةً تقريباً (للمُنجِد)

– والكهلُ مِنَ الرجالِ من زادَ عن ٣٠ إلى ٥٠ سـنةً (إبن كثير)؛ ومز ٣٣ إلى ٥٠ (عند إبن منظور /لسان العرب)، ولايُسمَّىٰ إبز ٨٠ سنةً ولا بعدهُ كهلاً، فإستِخدامُها تَعبيراً لِكِبارِ الـسنِّ هو خطأٌ لُغويٌّ، كغيرِها من الأخطاءِ اللُّغوية التي نستعمِلُها.

* فإذا بلغَ الـمـسيح أكثرَ مز ٥٠ سنةً في هذه الدنيا(حـسبَ قولِ المُفَسِّرين) فلذلكَ لا يرجعُ إلىٰ الدنيا مرةً أخرىٰ.

* عن عائشة رضي الله عنها أنّ رسُولَ اللهِ قالَ لفاطمة في مرَضِ موتهِ { أنّ عيـسىٰ بن مريم عاشَ عـشرينَ ومائةِ سنةٍ وإنّي لا أراني إلّا ذاهباً علىٰ رأسِ الستين}

كنز العمال، وتفسير ابن كثير.

* قالَ الحافظُ ابن القيم في كتابهِ "زاد المعاد":

(وأمّا ما يُذكَرُ عن المسيح أنّهُ رُفعَ إلىٰ السماءِ ولهُ ثلاثٌ وثلاثونَ سنةً هذا

لا يُعرفُ لهُ أثَرٌ مُتّصلٌ يجبُ ٱلمصيرُ إليهِ) الجزء الأول صٰ ٧ٰ.

ب / معنىٰ (المَهْد) The Cradle or The Preparation Period :

– كَلمةُ (المهد) تعني يكونُ الطفلُ رضيعاً، تحملُهُ أمُّهُ.

– وتعني.. المكانَ المُمَهَّدَ المُوَطَّأَ (المفردات للأصفهاني).

– وتعني.. زمنَ التحضيرِ والإعدادِ (التفسيرُ الكبير)

الرأيُ بأنّ عيسىٰ كانَ يتكلّمُ وهو طفلٌ رضيعٌ هو باطلٌ للآتي:

It is a false opinion that Isa was speaking as a baby

* إستعملَ القرآنُ هنا كلمةَ (الْمَهْدِ cradle) هنا علىٰ سبيلِ الإستعارةِ

بمعنىٰ زمنِ الشبابِ.

يقولُ تعالىٰ : (ومَهَّدْتُ لَهُ تَمْهِيداً) 5 المدثر

(And equipped him with all necessary things.)AL-MUDDATHTHER15

أي أتيتُ الكافرَ مالاً وثراءً، وهيأتُ لرُقيِّهِ أسباباً كثيرةً. وبالتالي تُستعملُ

كَلمةُ (المهد) أيضاً لفترةِ التحضيرِ والإعداد، وهو (زمنُ الشباب) لأن

الإنسانَ يستجمعُ فيهِ القوىٰ ليستهلِكَها مُستقبَلاً.

81

– فالمسيحُ سيتكلّمُ كلاماً عظيماً في زمنِ شبابهِ وإعدادهِ (الفترةِ التَ ضيرية) وكذلكَ في زمنِ كهولته، أي نوعية كلامه مُتَّصفةٌ بالحكمةِ فهو نوعٌ خاصٌّ مِن الكلام لهُ قِيمةٌ خاصةٌ.

* هناكَ أطفالٌ تصــــلُ أعمارهُ ٣ ســنواتٍ في أنحاءِ العالمِ يتكلّمونَ في المـهدِ ويتكلمونَ وهم كهولٌ، فلماذا إختصَّ القرآنُ وذكرهُ في المـهدِ وفي الكهولة لعيسىٰ، فهو نوعٌ مُمَيَّزٌ ذو مَنزلةٍ وليس كأي كلام.

ولكن، لا يُعقَلُ أنَّ عيسىٰ كانَ طفلاً عندما تحدّثَ إلىٰ القومِ بِ صحبةِ اُمِّه، لأنهُ لايُعقَلُ أنّ الطفلَ أتاهُ اللهُ الكِتبَ وجعلهُ نبياً ومكلَّفاً بالصـــلا والزكاة ويُبِرُّ اُمَّهُ وهو طفلٌ ثُم ينفي عن نفسِهِ أنْ يكونَ جبّاراً شَقياً بينما هو طفلٌ ضعيفٌ منطقِيًّا. (سورة مرِ ٧ ٣)، بينما يقولُ تعالىٰ :

(وَمَا أَرْسَلْنَا مِن قَبْلِكَ إِلَّا رِجَالًا نُّوحِي إِلَيْهِمْ ۚ فَاسْأَلُوا أَهْلَ الذِّكْرِ ن كُنتُمْ لَا تَعْلَمُورَ 4: النحل .

(And We sent not as Messengers before thee but men to whom We sent revelation—so ask those who possess the Reminder, if you know not—.)AL-NAHL44

مقتبَسات من العلّامة والمفكر الإِ.لامي طاهر حمـ .. Islamic Scholar

(ٔahir Ahmed)

١ – يقولُ تعالىٰ :

(فأشارتْ إلَيهِ قالوا كَيفَ نُكلّمُ مَنْ/ كَانَ/ في المَهْدِ صَبيَّ ٢٩ مريم.

(Thereupon she pointed to him. They said, How can we talk to one who is a child in the cradle?) MARYAM 29

إنَّ عيسىٰ كان َشابًّا(في مرحلةِ المهدِ/التحضير reparation stage') –
وليسَ رضيع – عندما تحدّثَ إلىٰ القومِ بِحكمةِ الأنبياء وهو في صُحبةِ أمِّهِ
للآتي:

أ/ بإعتبارِ أنّ الأداةَ (كَان) لوصفِ الحال، بمعنىٰ (كانَ وما زالَ) كما في
قوْلِهِ تعالىٰ :

.. وَكَانَ اللَّهُ عَلِيمًا حَدِيمًا) 12. النساء

(...And <u>Allah is</u> All-Knowing, Wise.)AL-NISA112

.. إِنَّ اللَّهَ كَانَ عَلَىٰ كُلِّ شَيْءٍ حَسِيبًا) 87 النساء

(..Surely, Allah <u>takes</u> account of all things.)AL-NISA87

.. وَكَانَ اللَّهُ عَلَىٰ كُلِّ شَيْءٍ مُّقْتَدِرًا) 46 الكهف

(..And Allah <u>has</u> full power over everything.)AL-KAHF46

(قَالَ رَبِّ أَنَّىٰ يَكُونُ لِي غُلَامٌ وَكَانَتِ امْرَأَتِي عَاقِرًا وَقَدْ بَلَغْتُ مِنَ الْكِبَرِ
عِتِيًّا) 9 مريم

*(He said, 'My Lord, how shall I have a son <u>when my wife</u>
<u>is barren</u>, and I have reached the extreme limit of old
age?'.)MARYAM9*

بالإشــــــارة إلىٰ معنىٰ (المهد) ،فالقومُ المُتَحَدِّثون إلى مريم مُتَعَجِّبون من هذا
الـشاب (الذي هو في المرحلةِ التمهيديةِ التحـضيرية لعلومِ الدينِ والـشريعةِ)
بالنـسبةِ لهم هو صغيرُ العهدِ بينما في وسطِ هؤلاءِالقومِ يوجدُ الـد خامات

83

رجالُ الدين الشيوخُ حيثُ الصـــغيرُ فيهم يتعدّىٰ الخمســينات من العمرِ، فيرونَ عيسىٰ صبياً بالنسبة لهم.

– لم تقلْ الآيةُ (في المهد طفلاً او رضيعاً)

ب / بإعتبارِ أنَّ الأداةَ (كَانَ) لوصف الماضي:

فلمّا رجعتْ مريمُ إلىٰ قومِها بعدَ أن ظـت بعيدةً لمُدّة طويلةٍ، كما لم تذكُر الاناجيلُ عن حياة عيسىٰ حتىٰ صار عُمرُ، ٣٠ سنةً.

* لمّا بلغَ الثلاثين من عُمرِه (لوق ٣:٣١) وشـــرّفهُ اللهُ بالنبوّة رجعتْ أمّهُ معهُ إلىٰ قومِها، ولم ـسلْم

مِن أقاربه – منهم رجالُ دينٍ شُيوخٌ – الذينَ ظلُّوا لها مُتربِّ صينَ، فر وا معها مولُودَها المشـــهورُ الخبرُ، فعيروها به (كمن يقولون: كيف نُكلّم ذاك الذي كان صغيرا بالأمس!!) ، فلم تستطِعْ الردَّ عليهم خجلاً (فأشارتْ إلـﻪ) ، ولكنّ الولدَ أصبحَ شاباً، وصارَ نبياً، فردَّ عليهم وقال: ماهذا الهُراء الذي تَهْذونَ به (إنّي عبدُ اللهِ آتاني الكِتْبَ و جعَلَني نبياً..).. أي إنّي إنسـانٌ مُتخلِّقٌ بأخلاقِ اللهِ، وصـــفاتُهُ تنعَكِس في تصرُّفاتي، فهل مثلي يكونُ من اولاد الحرام؟

* تلك هي مرحلةُ المهدِ (في فلـسطين/أورـ شليم erusalem)) ، ثُم بعدَ نجاته من اقتلِ على الصـــليبِ وهجرتِه إلىٰ بلادِ المشْـــرقِ تكونُ مرحلةُ الكهولة لإستكمالِ مُهمّتِه مع قبائلِ بني إسرائيلَ.

(الإمام العلامة بشير الدين محمود أحمد..التفسير الكبير Al-Tafseer Al-Kabeer)

١ – معنىٰ (تَحمِلُهُ) Mounted or Sustaining Him في قوله تعالىٰ

(فَأَتَتْ بِهِ قَوْمَهَا تَحْمِلُهُ قَالُوا يَامَرْيَمُ لَقَدْ جِئْتِ شَيْئًا فَرِيًّ) ٧ مريم

(Then she brought him to her people, mounted. They said, O Mary, surely, thou hast committed a monstrous thing!)
MARYAM 27

إنَّ (الحَمْلَ) يعني أحياناً النُّصْرَةَ والتأييدَ والتَّشجِيعَ و المَعُونَةَ ورفع المعنويات أيضًا، يقولُ تعالىٰ عن القومِ الذين جاءوا إلىٰ النبي ليطلبوا منهُ المُساعدة والعون لكي يخوضوا معهُ الحرب في غزوة أُحُدٍ :

(وَلَا عَلَى الَّذِينَ إِذَا مَا أَتَوْكَ لِتَحْمِلَهُمْ قُلْتَ لَا أَجِدُ مَا أَحْمِلُكُمْ عَلَيْهِ تَوَلَّوا وَّأَعْيُنُهُمْ تَفِيضُ مِنَ الدَّمْعِ حَزَنًا أَلَّا يَجِدُوا مَا يُنفِقُونَ) ٩٢ التوبة.

(Nor against those to whom, when they came to thee that thou shouldst furnish them with mounts thou didst say, "I cannot find whereon I can mount you;" they turned back, their eyes overflowing with tears, out of grief that they could not find what they might spend) AL-TAUBAH 92

* فالإنجيلُ يقولُ أنَّ أُمَّ الْمَسِيحِ لم تؤمن به

(مرقس ٣ ١ ٣٠) ، فأعلنَ القرآنُ الكريمُ أنها صدَّقَتهُ وأيَّدتْ دَعواهُ وعَمِلَتْ بتعاليمه لمَّا أعلنَ النبوَّةَ، فأبطلَ القرآنُ التُّهمةَ التي قد ألصقها الإنجيلُ بأُمِّ عيسىٰ في هذهِ الآية.

الثالث عشر / بعضُ الأدلّةِ على وفاة عيسى عليه السلام من الأحاديث

Some evidence of Jesus death from Hadiths

– { لو كانَ موسى وعيسى حيّينِ لَما وَسِعَهُما إلا إتِّباعي}

اليواقيت والجواهر للشــعراني، وتفسـيرُ القرآن العظيم لإبن كثير، الجزء الثاني ص ٦٥ دار الأندلس بيروت ٩٩٦ م.

٢ – { أرَأيتُم لَيلَتَكُم هذهِ ؟ فإنَّ رأسَ مائةِ سـنَةٍ منها لا يبقى مِمّن هو على ظهرِ الأرضِ أحدٌ}.

البخاري: كتاب مواقيت الصلاة، باب: ذكر العشاء والعتمة.

٣ – {... وإنَّ عيسى بن مريم عاشَ عِشرينَ ومائةٍ،و إنِّي لا أراني إلّا ذاهباً على رأسِ الستين}.

كنز العمال/ الهندي/ مؤسّســة الرسـالة، بيروت، ١ ص ٧٩ ، رقم الحديث ٢٢٦٢ .

مِمّا يعني أنّ عمرَ النبي لا يقل عن نصفِ عُمُرِ النبي الذي قبلهُ.

الرابع عشر / قبرُ المسيح عيسىٰ ابن مريم عليه السلام

The shrine of the Messiah Isa the son of Mary
(HAZRAT YOUZA ASIF)

إنّ الذي يَدعَمُ وفاةَ عيٖسىٰ عليه الـﻠسلام بعد مُحاولةِ قَتلِهِ مَـصلوباً بـ سنواتٍ عديدةٍ ، وأنَّ قبرهُ في كشمير، الآتي:

١ – يقولُ تعالىٰ :

(وَجَعَلْنَا ابْنَ مَرْيَمَ وَأُمَّهُ آيَةً وَآوَيْنَاهُمَا إِلَىٰ رَبْوَةٍ ذَاتِ قَرَارٍ وَمَعِينٍ) ٥٠ المؤمنون.

(And gave them shelter on an elevated land of green valleys and springs of running water) AL-MU'MINUN50

أ /إذْ هاجرَ مِن فلسـطينَ بعدَ أنْ نجّاهُ اللهُ مِنَ الصـﻠبِ إلى بلادِ المشـرِقِ لإكمالِ مُهِمَّتِهِ مع بني إسـرائيل كما جاءَ في إنجيل(متّ ١٥:٤)، و يوحنّا ١٠:٦)، و أنَّهُ عاشَ ٢٠ سنة كما ورد بحديثِ النبي محمد صلى الله عليه وسلم.

بـ / تؤكِّدُ الآيةُ أنَّ أُمَّهُ مريمَ عليها السلام قد هاجرَت معهُ.

– تجدُرُ الإشارةُ أنَّهُ لا يوجدُ ذكرٌ لها بعدَ حادثةِ الصلبِ، أم أنَّ المُعتقدينَ بحياةِ عيسىٰ في السماءِ؛ يرونَ أنَّها معهُ.

ج / إنَّ قبرَ عيسـىٰ في شـارعِ (خان يارKHAN VAR) بـ مدينةِ (سرينجر ERINGAR) عاصمةُ كشميرKASHMIR ..

87

- ووردَ معلوماتٌ في فِلمٍ وثائقيٍ بقناةِ الـBBC عن قبرِ المـسيحِ النا صري في كشميرَ بالهند.

في حين، أنّ قبرَ السيدةِ مريمَ في باكستان في Pindi Point, MURREE حسـبَ أبحاثِ عُلماءِ الآثارِ والمُنَقِّبين وعلماءِ اللُّغاتِ العبرانيةِ والآراميةِ القديمةِ الذين أوضحوا معاني النُّقوشِ على الأضرحةِ وشواهدها منذ سـ وات قليلةِ.

٢ - بعدَ نجاةِ عيسىٰ مِنَ الموتِ صَلبًا، ثُمَّ غادرَ إلى قبائلِ آسيا والمَشرقِ وعاشَ لسـنين، آتاهُ الأجَلُ، فدعىٰ تلميذَهُ وخادمَهُ "أبابيد" ،فأمَرَهُ أنْ يَبني لهُ مكانًا في حارةِ (خانيار) في مدينة (سيرنجر) عاصمة كشمير.

(مُقتَبَسـاتٌ مِنْ كِتابِ " إكمالُ الدين وإتْمَامُ النِّعمة" لأبي جعفر محمد بن علي بن الحـ سين، المُتوفي عاد ٨١٠ هجرية Abo Jafar Mohammed Bin Ali)

٣ - وفي نبوّةِ (إشع ٥٣:١) بالعهدِ القديم :

{وَ جُعِلَ مَعَ الأشْرارِ قَبْرُهُ، ومَعَ غَنيٍ عِنْدَ مَوْتِهِ}

وهو ما حدثَ بعدَ موتِه حيثُ دُفِنَ صحَابيّ غنيّ معهُ.

كما ذُكِرَ قَبْرُ عيسىٰ في تاريخِ الرُّسُـلِ والملوكِ، في تاريخِ الطبري نفسُ الرواية.

وهنـاكَ رواياتٌ عن الـ صّحابي "توما" تلميذِ المـ سيح الذي هاجرَ في رفْقَتِهِ؛ وعن سُكّانِ بلادِ الشرقِ مِن قبائلِ بني إسرائيل.

٤ - إنَّ مِن عادةِ اليهودِ أنَّهم كانوا يُسمّونَ أطفالهُم "يِسوع Jesus" وتعني (النَّجاةَ) وليِ ست (المُنَجِّي) - كما يدّعي المُضلُّوز - فكانت التَّسميةُ ـلىٰ سـبيلِ التفاؤلِ وطلَبِ العِصـمةِ مِن أمراضِ الجُدَري وخروجِ الأسـنانِ والحَـصبةِ، خوفًا مِن موتِ الأطفال بِهذه الأمراضِ المُخوَّفَة، فكذلكَ سمّت مريمُ إبنها يِسوع اي (عِـ سـىٰ sa) وتمنّتْ أن يَعيشَ ولا يموتُ بالجُدَري وأمراضٍ أخرىٰ.

إنهُ معروفٌ عند أهلِ مدينة (سرينجر) أنّ الضَّريحَ هو للرّسولِ "يوزآسف"

THE SHRINE OF HAZRAT" YOUZA ASIF"AND "SYED NASEER UD DIN".

الذي هو مكْتوبٌ بالعبرانبة علىٰ الشاهدِ، و الدلائلُ تُشير إلى أنّ "يوزآسف" هي كلمةٌ عبرانيةٌ مُركَّبَةٌ مِن لفظِ (يسوع أي النَّجاةَ...ويُستعملُ في الذي نجا ن الحوادثِ والعواصف) ولفظ (آسف ٩SIF . أي جامعُ الفرقِ المُنتَشِرةِ، وهوَ إسمُ المـسيحِ في الإنجيل) وهو ما جاءَ أيـضًا في صُحُفِ أنبياءِ بني إسرائيل.

(مقتبسـات من كـ تاب" الهـُدى والتبصـرةُ لمن يرىٰ" للإِمام أحمد المرتضىImam Ahmed Peace on him

وكتاب "حياةُ المـسيحِ ووفاته، مِن وجهاتِها الثلاثة: المـسيحية والإسلامية والتاريخية" لزين العابدين البنجابي).

References:

Jesus Lived in India , His Unkown life Before and After Crucifixion) By Holger Kersten(

(The Tomb of Jesus/Roza Bal) By Prof. Fida M. Hassanain and Suzane Olsson

(Did Jesus Die) By BBC Documentary 10\1\2012 Richard Denton.

(Jesus in Kashmir/The Lost Tomb) The misunderstanding in Christian history, The Evidence that Jesus travelled to the Himalayas By Suzanne Olsson.

(Jesus In India) and (Masterpiece of Golorwe) By Hadrat Imam Ahmed Al Murtada (Supernatural Religion Page552

(Apostolical Records) By John Allen Giles, Published 1886 London.

(The last Tomb of Jesus, Has the 2000 year old mystery finally been solve) By James Cameron, A Simcha Jacobovici Film.

Conclusion

أقولُ للمُعتقدين بأنَّ عيسى عليه السلام سَينزلُ من السَّماءِ في آخر الزَّمَانِ إتَّقوا اللهَ, فإنَّها عقيدةٌ ظالمةٌ بَشِعةٌ تُسيءُ إلى الرسولِ محمدٍ صلَّى اللهُ عليه وَ سلَّم ثُمَّ إلى الإسلام و تُؤدي إلى ضعفِ الأمَّةِ ولنْ يَرضى بها نْ يَملِكُ ذرَّةً مِنَ الإيمَانِ وحبَّ الرسُولِ.

أيُّها المُسلمونَ, كانَ المَسيحُ عيسى نبيّاً مِنْ سِلسِلَةِ النُّبوةِ المُوسويةِ, وهو لَمْ يزَلْ نُبوّتَهُ بِبركةِ فُيوضِ النبيِّ مُحمدٍ, والإعتِقادُ بعودةِ نبيٍّ – أو مُكلَّفٍ – ليسَ خَادماً للرَّسُولِ صلى اللهُ عليه وَ سلَّم لهوَ إساءةٌ كبيرةٌ, أعتَقدونَ أنَّه بِفَسادِ أُمَّةِ الرَّسُولِ, فلم يَبعثْ اللهُ تعالى أحدَاً من بَينها لإصلاحِها, بل إضطرَّ اللهُ لأن يَعودَ بنبيٍّ بُعثَ قبلَ ألفي عاد,؟ , إنَّ مثلَ تلكَ العقيدةِ مثلُ إساءةٍ بَالغةٍ للرَّسولِ, فذلكَ يَعني أنَّ أُمَّةَ المُصطفى إحتاجَت إلى أُمَّةِ مُوسى عليه السلام, وهوَ إء قادٌ لا يَقبلُه أي مُسلمٍ صادق, فعيسى إبن مريم الذي بَشرَ نبيٌّ الإسلام بنُزُولِه أي بمجيئِه هوَ مَسيحٌ مُحمَّديٌّ مِن أُمَّةِ الإسلام خادمٌ صادقٌ للنبيِّ آخذاً مِنْ فَيضِد .

أنتم تُسمونَ الرَّسُولَ سيّدُ ولَدِ آدمَ و سيّدُ الأنبياءِ مَن جِهَ , وفي ذاتِ الوقتِ تزءمون أنَّ أُمَّتَهُ حين تَفسدُ سيَبعثُ اللهُ لإصلاحِها نبياً من خارجِها..أي من أُمَّةِ مو سى عليه السلامِ, إذ لن يُوجَدَ في أُمَّةِ المُصطفى شَخص قادرُ ءلى

إ صلاح فَ سادها, إنّما يُماثلُ هذا الإعتقاد قوماً يُهاجمونَ عدُواً فيقُولون: إنَّ مَلِكَنَا قويٌ جدًا, ولكنّهُ لا يَملكُ جيشاً يُواجهُ الأعداءَ, فلابُدَّ أنْ يأتي ﺠيشٌ منَ الخارج لِيُدَافعَ عنّا.

فَذَيفَ تُؤمنونَ بأنّ أُمَّةَ الرسول صلى الله عليه وَسلّم عندَما تتَعَرّضُ لِهجمةَ الـ ّشيطان, فلن يكونَ عندَهُ أيُّ جيش, بل يأتي نبيٌّ من أنبياءِ بني إ سرا ل للدفاع عنهُ ضدّ عَدُوّهِ, ﭐيكُونُ النبي ُتحتَ منّتهِ.

فالنتّقي الله, ولِنرجِع إلى الـ صواب والعقل, ولِنعدلْ عَن الحرفيّة والتّحر ف حتى نكونَ كما قالَ فينا تَعالى:(كُنْتُم خيَرَ أُمَّةٍ أُخرِجَتْ للنّاسِ تَأمُرُونَ بالمَعرُوفِ وتَنْهَونَ عَنِ المُنْكَر وتُؤمنُونَ باللّه ...) آل عمران111

(You are the best people, raised for the good of mankind; you enjoin good and forbid evil and believe in Allah..)AL IMRAN111

رَبَّنَا إهدِنَا الصِّرَاطَ المُستْقِيم

طارق محمد عزب

Tariq M. Azab

الفهرس